JN074422

The 1st step to digital business

1からの
デジタル経営

伊藤宗彦
松尾博文 編著
富田純一

発行所：碩学舎
発売元：中央経済社

序　文

　本書は、経営学の側面から、デジタル技術やデータサイエンス・AI に関する知識及びその応用を適切に理解するために書かれている。大学生・高等教育機関の学生で、デジタル技術が企業のこれからの経営をどのように変えるのかを学ぼうという人たち、あるいは、社会人で自社のデジタル・トランスフォーメーション（DX変革）を促進するために、基礎から学んでみたいという人たちを読者として想定している。デジタル技術を上手に使う経営を学ぶという趣旨で、本の題名を『1からのデジタル経営』とした。

　皆さんは、デジタル技術に関連する用語として、IoT、AI、量子コンピューティング、ブロックチェーンというような言葉を聞いたことがあると思う。また、デジタル技術の応用が社会生活を根本から変えている身近な例としては、オンライン授業やリモートワーク、スーパーのスマートレジ、インターネット上のマッチングビジネスがある。企業内部の顕著な例としては、ドローンによる計測ビジネスやスマートファクトリーなどが挙げられる。

　それでは、企業経営に関して、DX 変革という言葉を聞いたことがあるだろうか。これは、様々なデジタル技術の浸透を利用して、企業の日々の活動、仕組みや経営戦略を旧来のものとは全く異なった次元のものにする変革のことである。新規のデジタル技術を使い、まったく新しいビジネスが創造され、マーケットが形成され、産業構造までもが変わる。また、私たちの行動パターンや生活様式も変えてしまう。さらに新規のデジタル技術が次々と生まれ、身の回りで、また見えないところで、変革がどんどん進行しているというふうに現状を認識する必要がある。平成元年、日本企業は世界株式時価総額ランキングのトップ20位に14社が名前を連ねていたが、平成の最後の年の31年には、そのリストから日本企業の名前が消え、GAFA（グーグル、アマゾン、フェイスブック、アップル）に代表される IT 企業が上位を占めるようになった。残念ながら、日本は DX 変革の波に乗れなかったのである。

　本書を書く契機となったのは、神戸大学経済経営研究所の DX 研究教育プロジェクトである。日本企業全般は、DX 変革に後れをとってしまったというものの、日本には DX 変革を強力に推進している企業、DX 変革に成功した企業は少なからず存在する。このプロジェクトの目的は、日本の DX 変革の先行事例を選抜し、経営

学の伝統に基づいたフィールドリサーチを行い、日本の DX 変革の実像を明らかにし、どのように DX 変革を推進していくかの道筋を明らかにすることにあった。特に、DX 変革を実際に成功裏に推進したマネジャーや経営者へのインタビューを収録し、変革への障壁、その障壁を乗り越えるために必要なリーダーシップ、熱意、創意工夫が肌感覚として伝わるように DX 変革ビデオシリーズを作成した。

　DX 変革ビデオシリーズは、8 本のビデオ、akippa，アシックス、OPTEX，クボタ、グループノーツ、平田機工、三浦工業、ワコールの事例からなる。それぞれのビデオで、DX 変革の概要と担当マネジャーと経営者へのインタビューを収録している。このビデオシリーズがハイライトにしていることは、日本の DX 変革の先行事例の概要のみならず、日本企業の本来の強みが DX 変革でどのように生かされているのか、変革の障壁は何か、その障壁をどのように乗り越えるのか、変革を実行しながらどのように軌道修正していくのか等の変革にかかわる新しい経営課題である。

　本書では、フィールドリサーチを行った企業の事例それぞれに 1 章を割り当て、さらに、他の章においても、DX 変革の内外の著名な事例を解説している。具体的には、各章の冒頭で、必ず企業の DX 変革やデジタル技術の事例を紹介し、その事例を説明するのに適した経営学のコンセプトや理論を 2 つに絞って取り上げている。こうすることによって、必ずしも精緻ではないかもしれないが、初学者にとって、分かりやすいデジタル経営の体系化を試みている。特に、前述した DX 変革ビデオシリーズに対応する 8 章の各章では、10 分程度のビデオ教材をこの教科書と併せて利用できるようにしている。ビデオ教材では、DX 変革の実像と、インタビューでの現場の生の声を受講生に事前に視聴してもらい、授業では、マネジャーや経営者視点に立った討議、あるいは、経営学の学術的な視点に立った議論をするという反転授業も行えるようにした。そのため、e-learning や BPL といったアクティブラーニングにも対応できる内容となっている。

　DX 変革に関するビジネス書、データサイエンスや AI の専門書は多数存在する。しかしながら、その多くは要素技術であるツールの使い方にフォーカスした実務書や、難解な専門用語が並んでいる専門書であり、体系的でわかりやすくデジタル経営を学べるテキストはまだ存在していないように思われる。

　本書は 3 部構成をとっている。「第 I 部　デジタル技術でビジネスモデル変革」では、デジタル技術を用いたビジネスモデルやサプライチェーンの変革を取り上げている。DX 変革のビフォアとアフターで、業務の仕方と利益構造がどのように変

わったかに注目することが変革の事例を学ぶ第一歩となる。さらに、AI や量子コンピューティング、ブロックチェーンなど、DX 変革に深くかかわるデジタル技術の用語をできるだけかみ砕いて解説した上で、このような新規のデジタル技術が、ビジネスモデルやサプライチェーン・マネジメントといった経営学の基礎的なコンセプトにどのような影響を与えるかを解説する。

　「第 II 部　戦略とビジネスプロセスの刷新で DX 変革」では、第 I 部で導入した基本的な DX 変革の事例の捉え方とデジタル技術の用語への理解をもとに、戦略やビジネスプロセスを刷新することで DX 変革を成功させている日本企業の事例について解説し、さらに、様々な関連する経営学のコンセプトや理論の理解を進めている。例えば、スマート製品の持つインパクトやバリューチェーンの進化、サプライチェーンの協業、ジョブ理論による IoT ソリューション、スマートファクトリーなどが取り上げられる。

　「第 III 部　データでつなぐ価値創造」では、第 II 部での議論をさらに進めて、大企業、中小企業、ベンチャー企業、取引業者、自治体、消費者など様々なステークホルダーが DX 変革によりシームレスにつながっていき、データをつなぐことで生まれる価値がこれからの DX 変革の核心となることを示す。例えば、ビジネス・エコシステムの形成やシェアリング・ビジネス、スマート農業、スポーツテック、オンライン・メンテナンスなどが中心的なトピックになる。

　このように、本書は、DX 変革の先端事例に照らし合わせて、デジタル経営の基礎となるコンセプトや理論を取り上げている。さらに、デジタル経営の基礎、経営戦略、つなぐことでの価値創造と議論を展開することで、デジタル経営を体系化している点が最大の特徴である。今後、デジタル技術がさらなる進化を遂げ、デジタル化はますます社会に浸透して行き、生活様式自体が今とは異なったものとなることが想定される。変化を常態と捉え、新鮮な発想で、デジタル経営に取り組んでいただきたい。本書が初めてデジタル経営を学ぶ皆さんの一助になれば幸いである。

　本書の執筆にあたっては、多くの方々のご助力をいただいた。特に、事例執筆にあたっては、日本公認会計士協会、株式会社グルーヴノーツ、株式会社小松製作所、株式会社ワコール、株式会社トライアルホールディングス、オプテックス株式会社、平田機工株式会社、株式会社クボタ、三浦工業株式会社、株式会社アシックス、akippa 株式会社の皆様に多大なご助力をいただいた。この場をお借りして厚く御礼申し上げたい。

◈ 序　文

　　本書の執筆陣は、オペレーションズ・マネジメント＆ストラテジー学会（JOMSA）の中枢メンバーで構成されている。JOMSA は2008年にオペレーションズ・マネジメント（OM）の研究・教育を促進するために設立された。OM は、製品開発、調達、生産、流通、販売等におけるオペレーションの効果的、効率的な設計と運用を通じて、企業の競争力を向上させ、環境を保全し、社会へ貢献することを旨とする。JOMSA のメンバーは、新しいモノづくり、サービス・オペレーション、サプライチェーン・マネジメント、DX 等の研究・教育、さらに、米国のPOMS、ヨーロッパの EurOMA、アジアの OM 関連学会との連携に日々取り組んでいる。本書が日本における DX と OM の研究・教育・実践の進歩の一助となれば幸いである。

　2021年12月

編著者　伊藤宗彦・松尾博文・富田純一

CONTENTS

第Ⅱ部　戦略とビジネスプロセスの刷新でDX変革

第Ⅲ部　データでつなぐ価値創造

◉ 目　次

第 **I** 部

デジタル技術でビジネスモデル変革

第1章

デジタル経営と
ビジネスモデル
：GE

第2章
第3章
第4章
第5章
第6章
第7章
第8章
第9章
第10章
第11章
第12章
第13章
第14章
第15章

1 はじめに

◈ 動画配信の将棋中継

　最近、AbemaTV の将棋チャンネルがおもしろい。プロ棋士で、若干18歳の藤井聡太王位・棋聖（2021年6月現在）が朝の10時から夜中まで、他のプロ棋士と対局しており、プロ棋士が解説をしている。画面の上のほうには、どちらの棋士が現時点で何パーセントの確率で勝つかという AI（人工知能）の形成判断が表示されている。

　こういう場面は少なくとも20年前には、想像できなかった。一般の人には、新聞紙面片隅の将棋欄が情報源だった。テレビ放送は寡占状態で、進行の遅い将棋対局をほぼコマーシャルなしに中継するということは経営上ありえない。この将棋中継は、動画技術、インターネット配信の進歩で可能となった。AI の進歩で、2014年頃に将棋ソフトがプロ棋士の棋力を追い越し、今では AI が人間を圧倒的に上回っている。藤井王位・棋聖も将棋ソフトとハイパワーのコンピュータで、将棋の研究をしているということである。

　藤井王位・棋聖の次の一手を解説者が予想し、AI も予想する。プロの棋士の指し手の意味を理解することは難解だが、AI の形成判断値が大きく動くたびに何かが起こっているということがわかる。対局者の表情も一瞬で変わる。これは、デジタルによる文化の変貌と言えよう。

◈ デジタル経営とは

　『1からの経営学』の前書きで加護野忠男は、経営学とは、「良いことを上手に実現するための方法を学ぶ学問」であるとしている。そうするとデジタル経営学は、「進化した ICT を活用して、良いことを上手に実現するための方法を学ぶ学問」である。良いことを上手に実現することには変わりはないので、既存の経営学の理論は適用できる。デジタル経営のデジタルの部分は、「進化した ICT（情報通信技術）を活用して」という修飾部分になる。本書では、ICT の進歩というのは、いったい

何で、今までできなかった何ができるようになったのかということ。それから、ICT の進歩をどのように活用すれば、良いことを今まで以上に上手に実現できるのかということを学ぶ。

　ICT の進化で今までできなかったことでもできるようになったことは、たくさんある。皆がスマートフォンを持っていて、友人にメッセージを送りあう、電車の便を検索している、動画を見ている。コンビニでスマートフォンで支払いをしている。コンビニで品切れが起こらない。そもそも、コンビニという小売業の形態が ICT のおかげで、ビジネスとして成り立っていることを知ってほしい。工場に行けば、無人搬送車が動いて、ロボットが人間と一緒に動いている。コロナ禍で、授業がすべてオンラインで行われている。今は、普通にデジタル・ライフである。

　本章では、米国の代表的な総合電機メーカーであるゼネラル・エレクトリックの事例を特に、デジタル経営という側面で紹介する。デジタル経営を理解する上で重要なビジネスプロセスとビジネスモデルという 2 つのコンセプトを学ぶ。

2 事例：ゼネラル・エレクトリック・カンパニー（GE）

🎘 GE は長年、米国の産業を牽引

　トーマス・エジソンは、電球、石炭火力の発電装置等を発明し、1878 年にエジソン・エレクトリック・ライト社を創設した。この会社を起源として、1892 年にゼネラル・エレクトリック（GE）社が創設された。GE は、その後、様々な新技術の商業化を積み重ね、米国でトップの総合電機メーカーの地位を確立した。

　現在、ホームページでは、GE は自社のことを「GE は「デジタル・インダストリアル・カンパニー」です。ネットワーク化され、レスポンスと予知能力に優れた、ソフトウェア融合型の産業機器とソリューションによって各産業の新たな時代を切り拓きます。……」と紹介している。パワー、リニューアルエナジー、アビエーション（航空）、ヘルスケア、アディティブ、デジタルの事業領域をカバーし、2019 年度の売上高は、952 億ドルである。

　GE は米国を牽引する 30 の優良大企業から構成されるダウ 30 種工業株の銘柄であるという地位を 1896 年から 2018 年まで継続して保つという最長記録を持つ会

【写真 1 - 1　GE Aviation 米国シンシナティ工場】

写真：著者撮影（2016年）

社である。常に変化する経営環境のなか、トップの総合電機メーカーの地位を長年にわたり維持してきた GE の経営とその変遷を学ぶことは、経営学を学ぶ上で重要である。なお、この GE でさえも、2018年に、業績不振による時価総額の減少でダウ30種工業株の地位を失っている。

◈ 工業製品のコモディティ化の影響

　製造業が成功するためには、T.エジソンが発明した電球のような新技術を生かした製品を次々と世に出していければいい。しかしながら、今や、世界中で科学技術の研究が推し進められており、新規技術を使った新製品を市場に投入して顧客を獲得するという技術プッシュのアプローチによる成長と成功の維持には限界があるだろう。

　日本の製造業の強みは、ものづくり力であると言われて久しい。調達と製造のビジネスプロセスにおいて、日々の改善を積み重ね、世界最高の品質、パフォーマンス、コストを実現することによって、競争力を持続するという日本のアプローチの理由づけになっている。しかしながら、グローバル競争において、どのように調達と製造を改善していくかということは競合他社に学習されてしまい、ものづくり力のみでは、業績の向上・維持は難しくなった。日本の製造業だけではなく、世界中の製造業において、工業製品の他社製品との差別化が難しく、製品の製造・販売で利益を獲得・維持することができなくなってきている。これを製品のコモディティ

化による利益率の減少という。

　ここまでをまとめると、製品のコモディティ化による利益率の減少に対応するために、製造企業として、技術開発に投資して新製品を開発する。あるいは、さらに、ものつくりに磨きをかけて、より良い商品を市場に投入するといっことが考えられるが、グローバル競争の中では、利益の確保は無理ではないが、少なくとも困難な状態になっているというのが現状である。

🌸 GE のビジネスモデル改革

　製品のコモディティ化に対応して、GE ではビジネスモデルの改革に取り組んだ。例えば、GE は航空機用ジェットエンジンの製造売上高では世界一であり、英国のロールス・ロイス、米国のプラット・アンド・ホイットニーとともに世界のビッグ3と呼ばれている。また、発電用ガスタービンの製造売上高でも世界一で、ドイツのシーメンス、日本の三菱パワーがそれに続く。航空機用ジェットエンジンにしても、発電用ガスタービンにしても、技術進歩に従い、その構造は複雑になった。故障すると人命の危機をともなうか、少なくとも使用者側に甚大な損失が発生する。したがって、機器は常に稼働可能な状態でなければならず、そのために定期的なメンテナンスが行われる。

　発電用ガスタービンの旧来のビジネスモデルは、GE が製造し、電力会社に販売する。その後、定期的なメンテナンスを3年間隔程度で電力会社の要請により実施し、工賃と材料費の実費に利益を上乗せして請求するといビジネスモデルである。

　ガスタービンは、ジェットエンジンとメカニズムが似ていて、高温の空気と燃料を圧縮することにより爆発させ、その勢いで羽根のついたタービンを回し、電気に変換するというものである。ガスタービン内の羽根は、高温高速の気流のために、一定期間使用すると摩耗のために取り換える必要がある。また、高温高速に耐えるために羽根の製造コストは高い。したがって、定期メンテナンスに伴うサービス収入は大きい。旧来のビジネスモデルの場合、GE はガスタービンを最初に売り切り、儲け、その後は定期メンテナンス毎にサービスと部品を提供して儲ける。

　GE は製造業が普通採用しているこの売り切りのビジネスモデルを改革して、サービタイゼーションのビジネスモデルを導入した。これは、ガスタービンの販売時に、長期のメンテナンス・サービスを定額で提供するという契約を締結するというものである。契約内容は多様であるが、例えば、ガスタービンを何回オン・オフ

7

し、何時間使えば、定期メンテナンスを実施し、故障のない稼働について保証し、四半期ごとに定額のサービス収入を得るというようなものである。

　GEの場合、工業製品販売契約とサービス契約の残高合計において、2005年までに、サービス契約が75％を占めるまでになっている。つまり、2005年までには、売り切りのビジネスモデルから、サービタイゼーションのビジネスモデルに完全に移行していたといえる。三菱パワーにおいても、多少の遅れはあるが、現在、長期サービス契約が主軸であり、利益の源泉となっている。

3 ビジネスプロセスの視点の重要性

◉ ビジネスプロセスとは

　ビジネスプロセス、あるいは、業務プロセスとは、インプットを価値のあるアウトプットに変換する一連のステップのことを言う。製造業の主要なビジネスプロセスは複数ある。原材料や部品を調達し、工場で製造し、直接の顧客となる卸業者や小売業者に最終製品を販売、配送するプロセスが中心に位置する。さらに、製品を企画し、設計するプロセス。どのように製造するかという製造工程を決めるプロセス。マーケティング・販売のプロセス。受注のプロセス、財務のプロセス。アフターサービスのプロセス。このように、会社を運営するには、様々な業務をつつがなく遂行しないといけない。サービス業においても同様に、顧客にサービスを提供するためには複数の主要なビジネスプロセスが存在する。

◉ 製造業におけるビジネスプロセスの優劣

　調達と製造のビジネスプロセスは、世界中で多かれ少なかれ、変わりがないものだろうと思われがちである。しかしながら、米国では80年代に日本のトヨタ、日産、ホンダの調達と製造のビジネスプロセスと米国のゼネラル・モーターズ、フォード、クライスラーのそれとがまったく違い、ビジネスプロセスの違いが、日本車の高品質、低コストに貢献しているということが認識された。

　図1－1において、原点に近いほうが、低コストで高品質であることを示す。

米国のビッグ3のビジネスプロセスの能力曲線は上側の曲線であり、この曲線に乗っている価格と品質の組み合わせの車は製造・販売できるということである。経営戦略では、点Aの高価格で高品質の新車を投入するか、点Bの低価格で低品質の新車を投入するかというポジショニングと呼ばれる選択をするということになる。しかしながら、日本車が大量に米国の市場に出回ると、日本車は点Cに位置付けでき、品質とコストの両方で優位であり、日本の自動車メーカーのビジネスプロセスの能力曲線は下部の曲線であることが明白になった。そうすると、喫緊の経営問題はポジショニングではなくて、いかにビジネスプロセスの能力を向上させるかということになった。

【図1‐1　80年代の日米のビジネスプロセスの能力曲線】

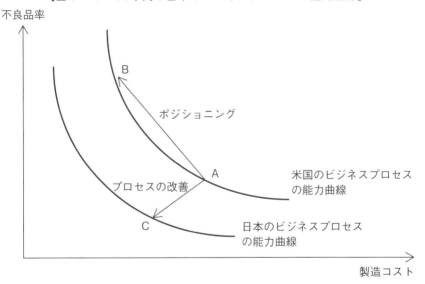

出所：著者作成。

　いわゆるジャスト・イン・タイム（JIT）システムという日本型のビジネスプロセスは、製造川下の工程が川上の工程から必要なものを必要な時に、ジャスト・イン・タイムで引き取ることができるような仕組みである。また、主要なビジネスプロセスについて、改善活動が実施され、パフォーマンスが日々良くなっているということも分かった。さらに、製造業者とそのサプライヤーとの関係づくりも米国式とはまったく異なっていた。

　要約すると、80年代は日本の製造業が米国を席捲し、米国の産業、学界がその理由を分析した時代であった。結論は、日本の製造業のビジネスプロセスは、設計、調達、製造において、米国のそれとは異なるものであり、ビジネスプロセスの優劣が日米の製造業の優劣を決めているというものであった。経営において、戦略の優劣のみならず、ビジネスプロセスの優劣がその競争力を左右するということが教訓となった。そうして、80年代は、米国の製造業のビジネスプロセスの見直しの時代となった。

◈ BPR は最初の DX 変革

　米国では、90年代に入ると、コンピュータの処理能力、通信機能の飛躍的な進歩に伴い、コンピュータを中心とした、ビジネスプロセスの抜本的な改革が始まった。いわゆる、ビジネスプロセス・リエンジニアリング（BPR）である。コンピュータの進歩したデータベース機能、ネットワーク機能を最大限利用して、ビジネスプロセスを再設計、再構築しようというものであった。90年代には、IT（情報技術）が ICT（情報通信技術）と呼ばれるようになり、進化した ICT を利用した経営、即ち、デジタル経営が進んだ。これが、最初の DX 変革（デジタル・トランスフォーメーション）の例であろう。

4　ビジネスモデルの視点の重要性

◈ 製造業はサービスで儲ける

　GE は、発電用ガスタービンとその定期メンテナンスのサービスを分離して販売するという売り切りビジネスモデルを持っていたことは述べた。この売り切りビジネスモデルでは、定期メンテナンス部分のビジネスをそれ専門の会社が GE よりも低価格で請け負うということが起こる。また、高価な羽根も GE の純正品でない羽根で代用されて、その部分の収入もなくなる恐れがある。このような競合のために、定期メンテナンス・サービスからの利益率を下げないとサービスの受注が取れなくなる。ガスタービンの売り切り部分については、シーメンスや三菱パワー等との競

Column 1 - 1

ビジネスプロセス・リエンジニアリング（BPR）

　BPRの提唱者であるM.ハマー（1990）のメッセージは、コンピュータを使って、既存のビジネスプロセスにおいて、単に、人手で作業している部分を自動化し、業務の効率化を図るのではなくて、既存のビジネスプロセスを捨てて、データベース機能、ネットワーク機能を最大限利用した新規のビジネスプロセスを再設計、再構築しようというものであった。

　例えば、既存の保険の申請承認プロセスで、1件の申請書類が30ステップ、5つの部署を廻って、19人の手を介していたものが、BPRの後は、1人ですべて処理できるビジネスプロセスに改革できている。そうすると、申請承認プロセスで、今まで5〜25日かかっていたものが、2〜5日に短縮できる。このように、顧客へのサービスが対応スピードの面で飛躍的に速くなり、市場での競争力が増し、必要な労働時間も短縮されコスト競争力も増す。

　保険申請の例では、30ステップを別々にコンピュータで自動化しても、全体での処理スピードはさほど速くならない。これでは、1つの部署から次の部署に書類・データが動くたびに、書類・データの手渡しと検査・確認、コンピュータへのデータの入力、再入力等の手作業が加わっており、そこでほとんどの時間が費やされるからである。コンピュータのデータベース・ネットワーク機能を利用することにより、1人が1つのコンピュータで保険申請承認に必要なデータすべてにアクセスできて、複雑な保険リスク分析等は自動でできて、契約書類も自動で瞬時に作成できるようになった。つまり、部署間の手渡し、引継ぎ、ただ机の上に書類が載っているだけの時間が無くなったのである。

　BPRでは、データは最初に1回入力するだけで、データの手渡し、人手での加工作業を排除することからビジネスプロセスを構成していく。1人のケースワーカーで1つの案件のすべての処理ができるビジネスプロセスの構築が目標である。このように、進化したICTを利用したビジネスプロセスの再構成の実効性と有用性がBPRで認識されるようになった。

合のためにコモディティ化が起こり、利益率は高く設定できない。つまり、売り切りのビジネスモデルでは、ガスタービンの寿命の間にGEが得る売上高の利益の総計という点で、あまり儲からないことになる。

　この問題を解消するために、サービタイゼーションのビジネスモデルが導入され

た。これは、定額で提供する長期のメンテナンス・サービス契約とガスタービンの製造販売とを統合するというものである。製造、販売、サービスのビジネスプロセスを再構成して統合している。

　このサービタイゼーションのビジネスモデルでは、電力会社にとって、稼働時間に比してコストが発生するので、稼働時間に比した収入がほぼ確定していることから、利益の管理が単純になるというメリットがある。また、常にガスタービンの正常な稼働が保証されているという顧客価値も提供されている。

　GEにとっても、メンテナンスビジネスにおいて、顧客の囲い込みができているので、メンテナンス専門の会社との競合が避けられるというメリットがある。コモディティ化したガスタービンの製造販売の利益率より、メンテナンス・サービスの利益率は高い。したがって、収益構造では、売り切りによる利益から、サービスによる利益に大きく移行している。契約条件によって、電力会社は一定の利益率を確保でき、GEにとっても、利益率の高いサービス収入が長期に確保できるので、長期サービス契約の内容を電力会社とGEで、双方にメリットのあるものにすりあわせできる可能性がある。

◈ ICTとともに進化を続けるビジネスモデル

　進化したICTを利用すると、さらに、サービタイゼーションのビジネスモデルの優位性が増す。ガスタービンやジェットエンジンのような機器に様々なセンサーを多数取り付け、機器の稼働中にそのデータを稼働場所から遠くはなれたコントロールセンターに送り、データをAI分析して、機器が故障する前兆となるシグナルを見つけ、稼働を止める等の対処を本部から現地に指示する。IoT（Internet of Things）を使った仕組みである。販売時点でセンサーをガスタービンに取り付けてしまうので、メンテナンス専門の会社の参入を排除できる。

　サービタイゼーションのビジネスモデルでは、GEが電力会社におけるガスタービンの高い稼働率を達成・保証するために、ガスタービンの稼働状況、運用方法等の売り切りのビジネスモデルでは入手できない情報をリアルタイムで収集できる。この情報をもとに、より効率の良い、故障の少ないガスタービンの設計につなげることができる。つまり、GEにおける、技術、知識の蓄積が進むというメリットもある。

　GEはさらなるビジネスモデルの進化を目指して、GEソフトウェアを2011年

Column 1 – 2

ビジネスモデル

　ビジネスモデルを考えるときに、まず、ビジネス（事業）とは何かを考える必要がある。図1－2の上側にあるように、ビジネスを規定するためには、ターゲット顧客に、どのような製品とサービスを提供するかを決めて、どのようなビジネスプロセスでそれを提供するかを決める必要がある。

　ビジネスモデルの変革では、図1－2の下部にあるように、ターゲット顧客と顧客価値の再定義、ビジネスプロセスの再設計、収益構造の見直しを考える。例えば、電力ガスタービン事業においては、販売と定期メンテナンスを結合し、ビジネスプロセスを再構成し、長期サービス契約を提供する。ターゲット顧客は電力会社であるが、顧客価値は、顧客によるコストパフォーマンスの高い製品の取得から、顧客による故障のない効率の高いガスタービンの運用に変化している。収益構造においては、サービスからの収益確保に比重が大きく移っている。

　このようなビジネスモデルの変革を考えるときに、会社の資源である人、技術、知識・ノウハウ、施設、ブランド、資本等がその背景にある。さらに、自社のビジネスプロセス、資源の範囲内ですべての変更を考えるのではなくて、他社との連携を考えて、拡張されたビジネスプロセスで、顧客価値創造、収益構造の見直しを考えるケースが増えている。

【図1－2　ビジネスとビジネスモデル】

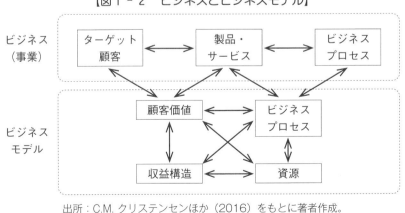

出所：C.M. クリステンセンほか（2016）をもとに著者作成。

に設置、2015年に GE デジタルとしている。IoT を使った仕組みでは、故障診断

のデータのみならず、機器の運用に関するデータ等もコントロールセンターで把握できるので、リアルタイムに入ってくるビッグデータを使って機器の使用者の利益向上を図るというサービスの提供が考えられる。例えば、燃料の効率的な使い方、ガスタービンの運用方法、あるいは、他の電力源との組み合わせの方法等についてのコンサルティングサービスが考えられる。GE はこのようなソフト部門への投資を行っているが、その成果はまだ見えていないのが現状である。

5 おわりに

　本章では、進化した ICT を活用するためには、まず、現状のビジネスをビジネスプロセスとして把握すること、ビジネスプロセスを改善・改革することが企業の競争力の向上につながることを述べた。次に、現状のビジネスプロセスをそのままにして、その各ステップをコンピュータで自動化することは、無意味であるということも述べた。進化した ICT の利用を前提として、ビジネスプロセスを再構成して、新しい顧客価値の創造、並びに、事業の成長が可能な収益構造の確立を目的とするビジネスモデルの変革がデジタル経営の核となる。

　本書を通じて紹介される様々なデジタル経営の事例において、進化した ICT の利用に関して、そのビフォーとアフターのビジネスプロセスの変化とビジネスモデルの変化に着目していただきたい。顧客にとって新規の価値のある製品・サービスが提供できているか、企業にとって健全な収益が確保できているかがデジタル経営の成否の分かれ目である。進化した ICT を活用して、良いことを上手に実現できているかが問われている。

❓ 考えてみよう

① 　マクドナルドに入店して、食事し、出店するまでのお客目線でのプロセスを描いてみよう。第一ステップは、入店。第2ステップは、待ち行列に並ぶ。というように、顧客として経験するステップを順次記録する。次に、お店側が注文を取りに来てくれる一般のレストランについて、お客目線のプロセスを描いてみよう。2つのプロセスを比較して、顧客価値と収益構造の違いを考えよう。

② 　ファッション通販の ZOZOTOWN のビジネスモデルを考えてみよう。ZOZOTOWN のホームページにおいて、IR 情報のページで、IR 資料室の過去の決

算資料から、特に、決算説明会補足資料を読んでみよう。この会社の事業の価値創造、ビジネスプロセス、収益構造はどうなっているかを考えてみよう。

③　スマートフォンと関連アプリという ICT の進化で、その進化のビフォーとアフターで、友人関係に関して、自分にとってどのような価値の変化があったかを考えてみよう。学生さんの場合、スマートフォンのようなものがない世界になった場合に、友人関係づくりのプロセスがどう変わり、どのような価値を失うか、あるいは、得るかということを具体的に想像してみよう。

主要参考文献

DIAMOND ハーバード・ビジネス・レビュー編集部編訳『ビジネスモデルの教科書』ダイヤモンド社、2020年。

トーマス・H. ダベンポート（卜部正夫ほか訳）『プロセス・イノベーション』日経BP 社、1994年。

Christensen, Clayton, Thomas Bartman, and Derek van Bever. "The hard truth about business model innovation," *MIT Sloan Management Review.* 58(1), 31-40, 2016.

Hammer, Michael. "Reengineering work: Don't automate, obliterate. *Harvard Business Review.* 68(4), 104-112. 1990.

次に読んで欲しい本

☆ビジネスシステムやビジネスプロセスについて、詳しく学ぶには…。

　加護野忠男、山田幸三編『日本のビジネスシステム』有斐閣、2016年。

☆生産管理について、詳しく学ぶには…。

　藤本隆宏『生産マネジメント入門〈1〉』日本経済新聞出版、2001年。

第1章

第2章

第3章

第4章

第5章

第6章

第7章

第8章

第9章

第10章

第11章

第12章

第13章

第14章

第15章

第2章

パターン認識と予測

：日本公認会計士協会

1 はじめに

オンラインショップで「おすすめアイテム」が表示されると、ついついクリックしてしまう人も多いだろう。これは推奨（レコメンデーション）機能といって、顧客の過去の閲覧・購入履歴をもとに、商品の色、形、ブランドといった様々な特徴から、興味を持ちそうな商品をピックアップして表示する機能だ。この機能によって、顧客が大量かつ多種多様な商品から自身に合った商品を見つけ出すことに疲れて購入を断念してしまったり、着合わせの問題で商品を返品してしまったり、というリスクを低減できる。さらに、コーディネート品の追加購入を促すことで、購買単価の上昇も期待できる。効率良く買い物ができたことで顧客自身も満足し、商品の到着が待ち遠しくなるだろう。

さて、このようなレコメンデーション機能があるのはオンラインショップに限ったことではない。お気に入りのブランドショップで顔馴染みの店員さんから素敵なアイテムを薦められて、楽しく買い物をした経験がある人も多いのではないだろうか。オンラインショッピングにレコメンデーション機能が登場するまでは、それぞれの顧客の好みを考慮した商品の推奨は実店舗でのみ可能なサービスだった。ところがオンラインでもこうしたことが可能になり、企業が顧客に提供できる価値の幅が大きく広がった。この技術はオンラインショッピングだけでなく、ニュースアプリ、学習アプリなど身の回りの様々な場面でも活用されている。こうしたサービスを可能にしているのが人工知能だ。

本章では、上記のようなビジネスモデルの成立に不可欠な AI（Artificial Intelligence、人工知能）の技術的な概要と AI によるビジネスの変化、そして、AI など新たな技術導入とビジネスプロセスの変革との合わせ技の必要性について学ぶ。まずは次節、会計監査の事例を通して、AI によって既存のビジネスプロセスの効率と深度が格段に向上するという事実、さらに、期待される新たな価値創出の潜在的な可能性について見ていこう。

【写真2-1　大量のデータをもとに「思考」するAI】

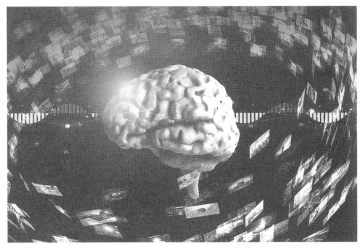

写真：73623537/PIXTA

2 事例：日本公認会計士協会

◢ 会計監査の目的

　「会計監査」という重要な仕事がある。会計監査というのは、企業の決算書の内容が正しいか否かを第三者がチェックし、その信頼性を保証する仕事だ。企業には株主や債権者など様々な利害関係者が存在しているので、企業が開示する決算書に嘘や間違いがあると、投資家が正しい判断をできずに不利益を被るなど、その悪影響が様々な形で社会に大きく波及してしまう可能性がある。そうしたことを防ぐため、企業規模や条件によって、企業外部の第三者である会計監査人による客観的立場からの外部監査が法律で義務付けられており、公認会計士がその監査業務を担っている。

◈ AI ですべての取引をチェックする

　この公認会計士の団体である日本公認会計士協会では監査業務を変革するため、AI の導入を検討している。監査の対象となっている決算書は膨大な数の取引内容が集計された結果なので、監査を実施する際に、これらを隈なく確認することは不可能だ。実際には無数の取引の中から統計的に必要な数のサンプルを抽出し、それらの内容を確認する形で監査を進めていく。ところが、この場合、サンプルとして抽出されなかった取引の中に不正に関連するようなものが紛れ込んでいて虚偽表示を見逃してしまうなど、サンプリングリスクが避けて通れない課題となる。こうしたサンプリングリスクに対応するための方策として注目されているのが AI だ。

　これまで長い間積み重ねられてきた知見と経験から、重要な虚偽表示がある場合、金額が大きすぎたり、期末近くに金額の大きな取引が行われていたりというようなパターンの存在が明らかになっている。AI を用いることで、このような数値のパターンを認識して、虚偽表示の可能性がある取引をリストアップし、そこで抽出されたものに焦点を当てて監査を実行することができるようになる。つまり、**図2－1**に示すように、これまでのやり方では無数の取引の中から抽出されたサンプルに虚偽表示がなければ全体に虚偽表示がないとみなしてきたが、AI を用いることによって、虚偽表示の疑いがある取引だけを抽出して集中的に確認することができ、監査の効率と精度が飛躍的に向上する可能性が高くなる。

◈ AI で引当金の不正パターンを見つける

　貸借対照表には特定の支出や損失に備えるための引当金の記載があるが、この引当金を見積もる際にも AI が効果的だと考えられている。AI は既に認識されているパターンに基づいて、それと似た動きをするものを見つけるだけでなく、入力された大量データの中から特有のパターンを見つけ出すことにも長けている。この性質を利用して、会計上の見積もり金額とその他の要素金額との相関関係を AI で分析し、どの要素が見積もり金額に重要な影響を及ぼすのか。逆に、通常は重要な影響を及ぼさないと考えられている要素と見積もり金額とが強い相関を持っているような場合には異常を疑う、ということができる。

　引当金は将来何が起きるのかという不確実な状況を予測しながら見積もらなけれ

【図2 - 1　従来の会計監査と AI を取り入れた会計監査の違い】

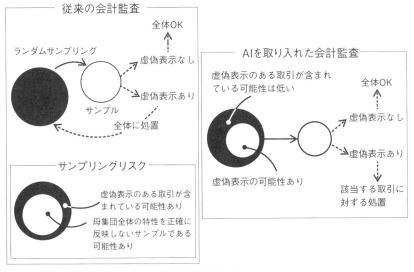

出所：著者作成。

ばいけないので、見積もり自体にももちろん難しさがあるが、監査人としても、この金額の妥当性を見極めるにあたり、非常に難しい判断を要求される。しかし、こういったところに AI を活用してより精緻な見積もりを行ったり、あるいはその判断を行うための情報を AI から入手できたりということが可能になれば、今よりも監査手続きの深度が格段に深められるだろう。

3 AI（人工知能）

◈ AI とは

　パターンを認識して予測する、と聞くと専門的な技術用語のように聞こえるかもしれない。しかし我々は普段の生活の中で当たり前のようにパターンを認識して予測をしている。雨が降りそうだから傘を持って行く。遅刻しそうだから早足で歩く。あるいはアルバイト先でも、今日は混みそうだから仕込みを多めにしておく、とい

うような判断を日常の中で幾度となくするだろう。これらは過去の経験に照らして、もしその措置を行わなかった場合にどのような悪影響があるか、あるいはそれを行うとどのような良い結果が得られるかを予測して行動を起こしているのだ。

　近年よく耳にするAIは私たち人間が自然に行うような未来予測や分類といった作業を、機械学習などの技術を使ってコンピュータに遂行させる技術のことで、日本語で人工知能という。人間が行うような合理的な思考、つまり知能をコンピュータ上に人工的に構築するので「人工知能」だ。1956年に「人工知能」という言葉が初めて登場してから2度のブームがあり、その都度「冬の時代」を経験しながら現在第3次ブームを迎えている。

◈ 機械学習における学習の方法

　機械学習とはデータの背後に潜む規則性や特異性を発見することにより、人間と同程度あるいはそれ以上の学習能力をコンピュータで実現しようとする技術である。与えられたデータからパターンを識別するための特徴量と呼ばれる値によってデータを分ける。大量のデータを処理しながら、特徴量の抽出精度を高めていく過程が「学習」だ。

　機械学習には、教師あり学習、教師なし学習と強化学習がある（**表2‐1**）。機械学習は事前に与えられた学習用データからモデルをつくる「学習」のステップと、実用環境で得られるデータなどを用い、学習済みモデルを使って判定、分類、予測などを行う「推論」のステップから成る。

　教師あり学習と教師なし学習については表2‐1に特徴をまとめたが、例えば、手書きの文字が7か7でないかを判別させるAIを考える場合、教師あり学習では7と書かれた画像（教師データ）を大量に与えてその特徴を学習させる。一方、教師なし学習では7に限らず様々な数字が書かれた大量の画像を学習させて、その中から自動で何らかのパターンを見出したりルールを抽出したりする。強化学習の場合、例えばボードゲームで勝った場合に報酬を与えるとすると、AIがこの報酬を最大化するような行動を自ら学習するというように、先の2つとは全く異なる学習方法をとる。

【表2－1　機械学習の3分類】

種　類	特　徴	応　用　例
教師あり学習	正解値などのラベルが付与された学習用のデータを利用して学習済みモデルを作成し、推論時に、ラベルのない新たなデータに対して分類や予測を行う。	自然言語処理、スパムメールフィルタリング、手書き文字認識など
教師なし学習	ラベルが付与されていないデータから、隠されている構造や規則性を記述するための特徴を学習する。	クラスタリング、データ次元圧縮技術など
強化学習	ゴールや目的を仮定せず、学習を行う「エージェント」が状態を観察し、環境からの報酬（行動の結果が良かったか悪かったかに関する情報）を最大化するように試行錯誤しながら行動を選択することで学習を行う。あらかじめ報酬を最大化する条件などを定義する必要がなく、システム自身に試行を繰り返させることで学習が進む。	ロボット操作など

出所：AI白書（2020）をもとに著者作成。

　機械学習の代表的なアルゴリズムには大きく分けてロジスティック回帰やサポートベクターマシン、主成分分析といった伝統的なアルゴリズムと、ディープラーニング（深層学習）がある。ディープラーニングとは、脳の神経細胞（ニューロン）構造を模した仕組みで学習させる技術で、問題によっては人間を超える性能を達成することが可能だ。今後はディープラーニングと強化学習を組み合わせ、ロボットの運動習熟や言語の意味理解などへの応用に期待が高まっている。

◉ AIによるビジネスの変化

　AIによってビジネスはどう変わるのだろうか。まずビジネスプロセス面では、これまで人がやっていた仕事をAIが人よりも速く、正確にこなすようになることで効率化される。これは人の仕事が機械やコンピュータに置き換わってきた典型的なAIの利点だ。何人もの人が数日かけて行っていた作業がほんの数分、数秒でできるようになると、様々な業務をコンピュータに任せ、人はより付加価値の高い業務に集中することができるようになる。日本では2000年頃インターネットの普及と共に企業の情報システム導入が急速に進んだが、人の認識や判断が必要となる領域は人の仕事のままだった。AIによる自動化技術の進展によって、こうした業務

Column 2 - 1

AI（人工知能）の発展

　1950年代後半から始まる第1次 AI ブームで中心的な役割を果たしたのは当時実用段階に入ったコンピュータによる推論や探索の研究であった。しかしながら、複雑な現実の問題は解けなかったので、1970年代には下火となった。1980年代にはコンピュータに知識ベースを入れるというアプローチで、第2次 AI ブームを迎えた。知識ベースとは、XXX のときには YYY と応答するというような専門家の持つ知識ルールの集積である。しかし、このアプローチも様々な理由で成功せず、ブームも下火となった。

　2010年頃から現在の第3次 AI ブームを迎えている。このブームの火付け役となったディープラーニングはニューラルネットワーク（**図2-2**）の隠れ層を深く多層に重ねたモデルによって学習させる機械学習のアプローチである。図2-2の重みがいわゆる特徴量である。入力層から出力層に向かって重みづけをしながら結果を出力し、結果と正解の誤差が小さくなるように重みを更新していく。隠れ層を深く多層化するディープラーニング、教師データを与えない自律的な学習を行う強化学習などの AI 技術の革新と飛躍的に進歩したハードウエアの性能とが相まって従来の機械学習ではできなかった高度な学習が可能となった。

【図2-2　ニューラルネットワークの構造】

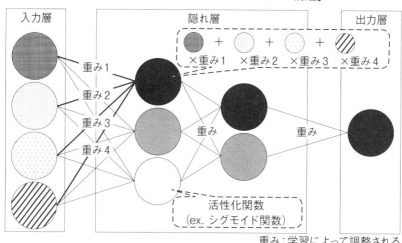

出所：著者作成。

の情報化が可能になり、製品検査、異常検知、需要予測、審査などビジネスの様々な現場で活用されるようになっている。

　伝統的な多くの企業ではオペレーショナル・コントロール、マネジメント・コントロール、ストラテジック・プランニングの３階層で経営管理が行われる（**図2‐3**）。これまでの情報システム化は、主に下から２階層までの意思決定支援を目的としてきた。考えるのはあくまで人であって、コンピュータの役割は定型的な処理を行うこと、さらに意思決定者の思考を支援するために有用な情報を提供することだった。ところが近年、AI技術の発達でコンピュータの役割がより人の思考領域に近づき、人が日常の中で自然に推論して物事を予測、分類するように、コンピュータも様々なデータから自動的に予測、分類するようになってきた。これによって、ストラテジック・プランニング層における意思決定へのより効果的な支援にも情報システムの活用が可能になりつつあるのだ。

　AI技術の進展はビジネスプロセスの効率化、効果的な意思決定支援のみならず、ビジネスモデルにも変革をもたらす。例えば実店舗での接客など顧客サービスは顧客価値の核たる部分で、その大部分は従来、人によって行われてきた。しかし、AIによる画像認識や音声・言語認識技術の高度化が無人店舗の運営を可能とし、ビジ

【図2‐3　経営管理の３階層とそれをサポートする情報システム】

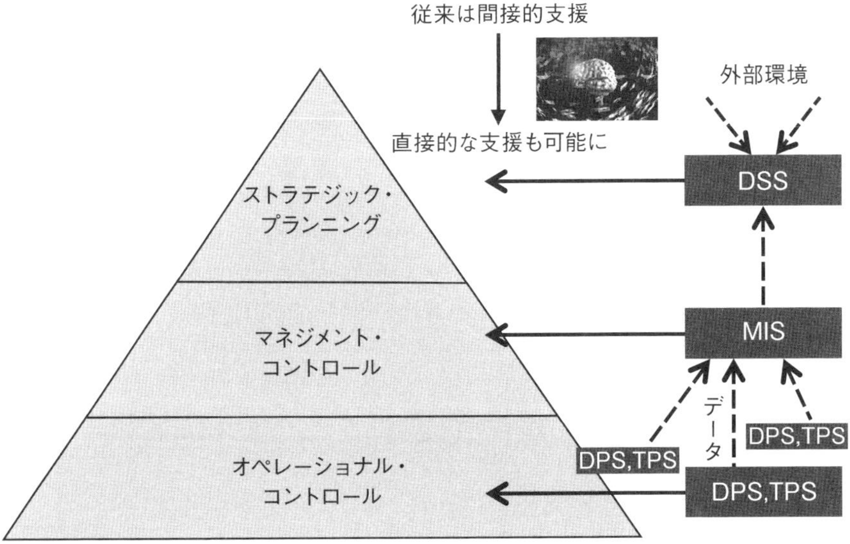

出所：著者作成。

ネスそのもののあり方を変えようとしている。データから新たな価値を掘り起こすことができるようになったことで、長年かけて培われてきた職人の技や勘所を AI に認識させてロボットに実装し、モノではなく技そのものを提供価値にすることも可能になるだろう。このように、これまでは人、時に特別な天性を持つ人や、訓練を積んだ人にしか出来ないと考えられてきたことが、AI によってコンピュータに実装され、新たな製品やサービスを創造したり、企業のビジネスモデルを大きく変化させたりしている。

　以上のように、AI 技術の進展で、これまで人にしかできない、あるいは人のほうが得意としてきた領域にまで情報システムの適用範囲が拡大され、効率だけでなく、創造的で付加価値の高い導入効果を得られるようになってきた。もちろん、AI がどれほど優れた分析結果を示したとしても、機械には責任を取るということができないので、最終的な意思決定は人が行うことになる。また、AI がいかに大量のデータを扱うとは言え、入力されたデータの外側にある要因には決して気づくことができない。そしてもちろん、まだまだ機械よりも人のほうが優れていることが多く存在することは疑う余地がない。この意味でも、また、これまで人の仕事が機械に置き換わることで機械だけでなく、人もまた進化を加速させてきたという意味でも、我々は、人と AI が手を携えて新たな価値を創造する未来を描いていくことになるだろう。

4　競争領域と協働領域

　AI 技術の進歩は効率、省力化を強みとした、どちらかと言うと守りを固める色合いの濃かった情報システム化に、攻めの観点を色濃く付け加えている。2000年代前半頃まで積極的に情報システム化に取り組み、守りを固めるための体制を『整えた』多くの企業は今、AI を活用した攻めの情報システム投資に大きな関心を寄せている。

◈ AI がもたらす競争領域での価値創出

　企業は AI に新たな市場機会の創造やイノベーションのための情報提供を期待している。小売業の簡単な例を挙げると、我々がスーパーマーケットでよく目にする

Column 2 – 2

経営管理の３階層と情報システム

　ある程度の規模を持つ企業では、典型的にはオペレーショナル・コントロール、マネジメント・コントロール、ストラテジック・プランニングの３階層で経営管理が行われる（図２-３）。オペレーショナル・コントロールは最下層に位置し、企業で日常的に行われる現場の定型業務が正確かつ迅速に行われるように管理することを目的とする。マネジメント・コントロールは中間層で、特定の現場業務だけでなく複数の現場や職能をまたぐ包括的な状況の監視や統制、必要に応じて比較的定型的な意思決定を行うことを目的としている。ストラテジック・コントロールは最上位にあり、調整だけではなく企業の置かれた環境を把握し企業全体の方向づけを行うことが主たる目的である。

　各階層では、それぞれの仕事を支えるための情報システムが必要とされ、また必要とされる情報の粒度も異なる。オペレーショナル・コントロールでは日々の単純なルーチン業務を迅速かつ正確に行うための情報システムと、各業務に関する細かで正確な記録が必要とされる。こうした業務を支える情報システムは、トランザクション処理システム（TPS）あるいはデータ処理システム（DPS）と呼ばれる。マネジメント・コントロールでは経営情報システム（MIS）と呼ばれる仕組みで TPS や DPS から上がって来る粒度の細かい情報を集計・分析処理することによって、管理者の比較的定型的な意思決定を支援する。ストラテジック・プランニングには戦略立案など非定型な意思決定を支援する仕組みとして意思決定支援システム（DSS）やエグゼクティブ支援システム（ESS）があり、外部環境の状況を含むより大局的な情報が必要とされる。これまでの情報システムはTPS/DPS と MIS の分野で直接的な業務・意思決定支援を得意としてきが、DSSや ESS では大局的な情報を統合的に可視化することによる間接的な支援が限界であった。しかし AI 技術の進歩によって、この階層での情報システムの役割が大きく変わろうとしている。

のは生鮮食品（青果、鮮魚、精肉、惣菜）、日配品（卵、豆腐、パン、牛乳など）、グロサリー（調味料、缶詰、飲料、お酒、お菓子など）といった商品カテゴリーだ。
　しかし、顧客の買い合わせ、店舗内での買い周り行動など、様々なデータを掛け合わせることで、顧客が持つ嗜好性や目的買いの傾向といったものが見えてくる。そこから、ヘルスケアカテゴリー、輸入商材カテゴリー、在宅ワーク応援カテゴ

リーなど、顧客の目的に合った新たな商品カテゴリーを考案し、そのカテゴリー別に商品マネジメントを行ったり、店舗運営に創意工夫を凝らしたりできるようになる。これは顧客の店舗でのより多くの発見を促し、売上の増加につながる。

　他にも、周辺地域のイベント情報などを加味した正確な需要予測によって売れ残りリスクの最小化と販売機会損失リスクの最小化を両立させるような仕入れを行う、店舗運営を円滑にするような最適なスタッフ配置を行うといった様々なことが考えられる。AIに限らず、情報システムを上手く活用することで、投入する資源をより少なく、得られる売上や顧客満足といった価値をより大きくするような取り組みが可能になる。

◈ AIがもたらす協働領域での価値創出

　本節の冒頭で守りを固めるための体制を『整えた』と書いた。ここでわざわざ『整えた』としたのは、多くの企業が情報システム化によって効率化の体制を整えたつもりでいるが、実はまだまだ改善の余地がふんだんに残されているからだ。前段のスーパーマーケットの例で述べたような、個別の企業がそれぞれの努力で創意工夫を凝らして、自社の強みを発揮する領域のことを競争領域と呼ぶ。

　一方で、企業活動には競争しても自社が優位になるわけではなく、むしろ他社と協力し合ったほうが互いにメリットがあり、結果として顧客に高い価値を提供できるような領域がある。これを協働領域と呼ぶ。売上向上、費用低減のために様々な企業努力が行われるが、通常、それらは自社に閉じた、あるいは他社と共に取り組む場合にも、仕入れ先、顧客企業など自社の直接的な取引先との競争領域での取り組みであることが多い。しかし、実は協働領域にこそ、業界全体の深刻な非効率を生む原因や、逆に自社の事業を飛躍的に発展させる鍵が隠されているのだ。

　身近なスーパーマーケットの例を続ける。あるスーパーマーケットチェーンで、取り扱う商品名や取引先の表記、それらの識別コードが店舗ごとに異なっていても、現場担当者にとっては特に困ることはない。ごくたまに、誤った商品が入荷されて来たり、他店舗の従業員との間で話が噛み合わないことがあったりするくらいだ。

　ところが、本部で会計処理をするスタッフとなると事情は全く異なる。店舗ごとに表記の違う取引先をすべて名寄せして、次にその取引先ごとに各店舗で呼び名の違う同一商品をまとめ、仕入れ値を集計するということをしなければいけない。取引先は十数社、取扱い商品は千種類を超える。また、本部で商品仕入れを担当する

バイヤーにとっても、商品の売れ筋を分析し、取引先と相談、仕入れ交渉をするなどチェーン全体の方針決めを行う際に不揃いのデータは大変な足手まといになる。

　いずれも、内部の仕組みの悪さを人手でカバーするための非付加価値業務に時間と手間を取られて、財務分析や管理会計、商品政策といった付加価値業務に割ける資源が不足してしまう。こうした非効率を解消するため、各社で言葉や識別コードを統一し、業務の合理化によって、より付加価値の高い業務に資源を割けるよう情報システム化を推進し、競争力を高めて来たのだ。

　ところが業界を俯瞰的に眺めてみると、上のスーパーマーケットに商品を納入している企業（卸売企業）にとっては、取引先はこのスーパーマーケットだけではない。販売先は数百社、仕入れ先は数千社にのぼることもある。そのそれぞれが各社各様の伝票様式、別々の商品識別コードを使用し、それぞれの方式（電話、Fax、E-mail、専用のシステムなど）で注文のやりとりをしていたら、伝票処理、確認作業、集計作業、請求処理、１つひとつの業務に膨大な時間を要し、混乱も必至だ。当然、デジタル化されていない受発注情報やフォーマットの揃わないデータではAIを効果的に活用することもできない。

　卸売企業の本来発揮すべき付加価値は、その抱負な商品供給網、商材発掘力などを生かして消費者が求めるより良い商品を提案すること、そして、取引規模の大きさを生かして商品調達や物流を効率化し、顧客企業であるスーパーマーケットに商品とオペレーションの両面から大きな価値を提供することだ。

　しかし、ここで述べたような処理に追われていると、日々の注文を何とか正確にこなすのが精一杯で、その先の消費者を見据えた価値提供などできるはずもない。卸売企業の先には数千社のメーカー企業が控えており、さらに卸売企業は業界に何社も存在するということを考えると、各社が足並みを揃えずに、個社に閉じた合理化策を進めることが業界内にどれだけの無理や無駄を根深くはびこらせるか、また、サプライチェーンで繋がる取引先へどれほどの負担を皺寄せするか、ということが容易に想像できるのではないだろうか。程度の差こそあれ、同様のことが現実に多くの業界で起こっている。

　それぞれのプレーヤーが、そのプレーヤーに期待される役割を存分に果たしてこそ、そこに繋がる各社が真の意味で競争力を高める活動に邁進できるということは言うまでもない。その意味で、同業種の競合他社は、ライバルであると同時に、同じ製品や取引先などを分かち合う共同体であるという見方もできる。多くの共通業務も有しており、協調することで利用可能になるデータや資源も豊富になる。

　冒頭の事例で紹介した日本公認会計士協会でも、今後本格的に AI による監査を導入する上で最大の課題は、AI に学習させるためのフォーマットの揃った構造的なデータの取得であると言う。現在は企業によって会計データのフォーマットが異なるため、業界内での検討はもちろんのこと、顧客企業、IT 企業など様々な関係者を巻き込んだ協働領域での合理化、共通化を進める必要がある。こうした連携が業界全体に抜本的な進化をもたらし、それが結果的に個社の競争力増強へと可能性を拡げることとなる。

5　おわりに

　本章では、AI のもたらすパターン認識や予測、分類といった技術が企業経営に及ぼす影響について学んだ。省人化、効率化を主な目的としてきた企業の情報システム化だが、AI 技術の進展は、その適用範囲を創造性や発見性が求められる領域にまで拡大している。これまで人にしかできない、あるいは機械よりも人のほうが得意としてきた領域でも AI の導入効果が期待できるようになってきた。

　一方で、各社の競争領域における企業努力だけでできることには限りがある。建物の見栄えをどれほど整えても、土台がしっかりしていなければその価値が長続きしないのと同じだ。AI などの情報技術がどれほど高度化しても、業界全体の標準化が伴わなければ、その恩恵を十分に享受することはできない。業界全体で協調することによって根本的な無理や無駄を排除することが業界全体を次のステージに引き上げ、各社の持続可能な競争力を創出する。各社の競争力向上につながり、結果として最終顧客への高い価値提供を実現できるような協働領域を見つけ、他社と連携する必要がある。

❓ 考えてみよう
① 　AI を使ったサービスを探し、そのサービスの概要（どんな情報を入力して、どんな情報が出力されるか）についてまとめてみよう。
② 　上で見つけたサービスではどういう技術が使われているか調べてみよう。また、どのような情報をもとに、どのような処理が行われて、どう結果が導出されているのか考えてみよう。
③ 　人にしかできない仕事について考えてみよう。さらに、今後、人が高度な AI 技術

を活用することによって創造される新たな価値について考えてみよう。

主要参考文献

独立行政法人情報処理推進機構 AI 白書編集委員会『AI 白書　2017、2019、2020』
　　角川アスキー総合研究所、2018年、2019年、2020年。
経営情報学会情報システム発展史特設研究部会『明日の IT 経営のための情報システム
　　発展史　総合編』専修大学出版局、2010年。
宮川公男、上田泰『経営情報システム　第4版』中央経済社、2014年。

次に読んで欲しい本

☆ディープラーニングについて、詳しく学ぶには…。
　　松尾豊『人工知能は人間を超えるか－ディープラーニングの先にあるもの－』
　　KADOKAWA、2015年。
☆データ分析について、詳しく学ぶには…。
　　塚本邦尊、山田典一、大沢文孝著、中山浩太郎監修、松尾豊協力『東京大学のデー
　　タサイエンティスト育成講座 ～Python で手を動かして学ぶデータ分析～』マイ
　　ナビ出版、2019年。
☆経営情報について、詳しく学ぶには…。
　　木嶋恭一、岸眞理子『経営情報入門』放送大学教育振興会、2019年。

第 3 章

第1章
第2章
第3章
第4章
第5章
第6章
第7章
第8章
第9章
第10章
第11章
第12章
第13章
第14章
第15章

最適化
：グルーヴノーツ

1 はじめに

「データは21世紀の新しい石油」と言われている。なぜだろうか。それはデータが現代において大きな価値を生むからである。また石油と同様に価値を生むには、適切に加工して活用する必要があることも意味している。それでは企業は新しい石油と呼ばれるデータをどのように活用して価値を生んでいるのだろうか。

例として、あなたがコンビニでお弁当を買ったとき、そのデータがどう活用されるのか考えてみよう。①その一日の売上に集計され、仕入れの結果がどうだったのかなど、検証することに活用される。②データをもとに、将来（例えば明日の午前）にその商品がいくつ売れるかなど、予測に活用される。③工場が、商品の生産計画など、最適な決定を行うために活用される。

デジタル技術により、膨大な量のデータが取得できるようになった。またソフトウェアの発展により専門的なスキルがなくてもデータを扱うことができるようになった。これらを要因としてビジネスにおけるデータの活用シーンが広がっている。

本章では、上記の①〜③のようなデータ活用を一気通貫で行うことができるクラウドサービス「MAGELLAN BLOCKS（マゼランブロックス）」を提供している株式会社グルーヴノーツが惣菜工場のシフト最適化に取り組む事例を通じて、ビジネスにおけるデータ活用の手法であるビジネス・アナリティクスと最適な意思決定に必要な、組み合わせ最適化について学ぶ。

2 事例：グルーヴノーツ

◈ MAGELLAN BLOCKS（マゼランブロックス）

グルーヴノーツは2011年創業の福岡にあるテクノロジーカンパニーである。AIと量子コンピュータを駆使するクラウドサービス「MAGELLAN BLOCKS」を開発・提供している。「MAGELLAN BLOCKS」はブロックを組み合わせるような操作画面によって、ビッグデータ統合・分析、AIモデルの構築と予測、量子コン

ピュータによる最適化計算を、専門知識不要、プログラミング不要で利用できるクラウドサービスである（**図3 - 1**）。これらのデータ処理をブロックの組み合わせで一連の処理として設計し、自動的に実行させることができる。

【図3 - 1　MAGELLAN BLOCKS の3つの機能】

STEP. 1 集める・分析する	STEP. 2 予測・分類する	STEP. 3 最適化する
データからインサイトを得る	AIで、高度な予測・分類を行う	量子コンピュータで、人・モノ・作業を、最適配置する
さまざまな場所に点在する情報をつないで、データを意味あるものに。業務や状況の見える化を実現。	これから起こりうる状況を正確に見極め、結果につなげる。業務の効率化、高度化を推進。	膨大な選択肢の中から、目的に合致する「最も良い答え」をつかむ。需要に応じて業務体制を最適化。

出所：グルーヴノーツの許可を得て掲載。

　ビッグデータ統合・分析機能では、画像や音声や各種データベースのデータを自動で収集・統合し、加工・分析することができる。企業活動の中で様々なデータが生まれている。例えば店内カメラの映像データ、コールセンター等の音声データ、店頭で POS によって蓄積された販売情報のデータ、工場での生産や倉庫での在庫のデータなどである。多くの場合、これらのデータは専用の情報システムによって取得し管理されている。このように散在しているデータを統合し、分析することによって、「MAGELLAN BLOCKS」は業務で起こっていることを可視化する。

　AI モデルの構築・予測機能では、企業が蓄積した自社のデータを機械学習させることで、AI の予測モデルを構築することができる。例えば自社商品の過去の売上データをもとに、その商品の需要予測を行う AI を作成することが可能だ。画像解析の学習モデルも備えており、店内の録画データを解析して、来店者数の集計やカテゴリ分類をするような、これまで人間が目で見て行っていた作業を実行する AI を作成することができる。「MAGELLAN BLOCKS」は最初から、文字、人の

顔、物体（乗り物や動物など）についての学習済みの AI モデルを備えており、それらの AI モデルを活用したデータ処理が行える。

　量子コンピュータによる最適化機能では、膨大な選択肢の中から最適な組み合わせを求める「組み合わせ最適化」を短時間で行うことができる。例えば、従業員の勤務シフトや配送計画などは組み合わせ最適化が必要となる問題である。人の経験や勘では複雑な制約条件を考慮できなかったり、膨大な組み合わせの中から最適な組み合わせを選ぶことができなかったりする。そこで数学的なモデルに変換した「組み合わせ最適化問題」とすることで、コンピュータに最適な組み合わせを計算させる。「MAGELLAN BLOCKS」はこの組み合わせ最適化問題の計算を、業務上の制約条件などの設定だけで行うことができる。計算を実行する量子コンピュータにはカナダ D-Wave Systems 社の量子アニーリングマシン（**写真3‐1**）をクラウドサービスで利用しているが、「MAGELLAN BLOCKS」のユーザーはこの量子コンピュータに関する操作を行う必要はない。

　「MAGELLAN BLOCKS」は、データを扱うためのデータベースやプログラミングに関するスキル、AI や機械学習に関する専門的なスキル、量子コンピュータ

【写真3‐1　D-Wave 社の量子コンピュータ「Advantage」】

写真：D-Wave 提供

や最適化問題のための数理モデルに関するスキルなどを必要としないサービスである。ユーザーはこのような専門的な処理を「MAGELLAN BLOCKS」に任せ、ビジネス上の課題に集中することができる。

惣菜工場のシフト最適化

　グルーヴノーツは「MAGELLAN BLOCKS」を採用して、惣菜工場のシフト最適化プロジェクトに取り組んでいる。

　惣菜工場では、柔らかく不定形な食品を見栄えよく惣菜や弁当に盛り付ける作業を行うため工程に人手を必要とする。例えば1フロアに200人ほどの従業員が、24時間の交代制で作業している。このような惣菜のラインに作業者を割りつけるシフト作成は複雑になる。スタッフの労働条件、スキル要件、人と人の相性などの様々な条件を考慮しながら、費用をできるだけ下げたり、利益を最大化したりするシフトを作成しなければならない。これは膨大な選択肢の組み合わせの中から最適な組み合わせを求める「組み合わせ最適化問題」となる。

　「MAGELLAN BLOCKS」で作成したシフトは、熟練の従業員が作成したシフトと遜色のないものができるという。さらには熟練の従業員が30分かけて作成していたのに対し、「MAGELLAN BLOCKS」は量子コンピュータを利用してわずか1秒で作成できる。

　組み合わせ最適化問題として量子コンピュータに計算させることで、これまでの人の熟練だけでは考慮できなかった様々な条件、例えば従業員の求める働き方なども考慮した最適なシフト作成も可能になる。製造ラインにロボットも混在する場合のシフトや製造順序の最適化も検討が進められている。ロボットと人の作業をうまく同期化しなければ、製造ライン全体のパフォーマンスは上がらない。ロボットが速すぎると、ライン上の人間の作業とタイミングが合わないため、結局は製造ライン全体が遅くなってしまうかもしれないためである。このような状況での最適化の検討が進められている。

◤ Column 3 - 1 ◢

量子コンピュータ

　2019年に Google が特定の計算処理において量子コンピュータが従来のコンピュータを上回る「量子超越性」を示したことは大きな話題となった。いま量子コンピュータが注目されている1つの理由として、従来のコンピュータの性能向上に限界が見え始めたことが挙げられる。コンピュータの頭脳である CPU チップに載るトランジスタのサイズは、年々小さくなることによってコンピュータの性能を向上させてきた。ムーアの法則と呼ばれたこの半導体の性能向上は、現在トランジスタのサイズが10nm（ナノメートル）ほどと原子の約0.1nm に近づくまで小さくなったことにより、難しくなっている。

　コンピュータの性能をさらに向上させるには、別のアプローチが必要であり、量子の振る舞いを応用した量子コンピュータが注目されるようになったのである。

　このような従来の汎用コンピュータの延長線上に考えられる量子コンピュータはゲート型と呼ばれる。しかしゲート型の量子コンピュータは研究段階であり、実用化にはしばらくかかるとみられている。

　本章で取り上げた D-Wave 社の量子コンピュータは、アニーリング型と呼ばれる組み合わせ最適化問題を解くことに特化した専用マシンである。ゲート型の量子コンピュータと区別するため、量子アニーリングマシンや量子アニーラと呼ばれることもある。組み合わせ最適化問題の近似解法の1つであるアニーリングアルゴリズムを量子の振る舞いによって再現し、その結果を観測することにより、最適解の候補を抽出する。

　D-Wave 社のアニーリング型の量子コンピュータはクラウドサービスで比較的手軽に利用できることもあり、様々な組み合わせ最適化問題への応用が提案、実験されている。

　量子コンピュータの言葉から想像するような飛躍的に性能を向上させたコンピュータの登場はまだ先かもしれないが、量子アニーリングマシンによって最適化されたサービスの登場の日は迫ってきている。

◉ データレイク

　グルーヴノーツは、一般社団法人日本惣菜協会ならびに複数社の惣菜企業ととも

に「AIによる需要予測と協調領域データレイク検討」を行っている（図3 - 2）。データレイクとは、画像、音声、テキスト、数値など様々な形式のデータを加工することなく、そのまま保存しておく場所のことである。様々な魚（データ）が自然のまま湖で泳いでいるイメージだ。この取り組みは業界横断的にデータを集めるデータレイクを構築し、データレイクを利用した分析、AIの活用、最適化を行うことで、小売企業と食品メーカーが協調して需要に対する適切な生産量の設定、食品ロスや機会損失の削減などを図るものである。各社それぞれの個別最適化でなく、業界を横断してのサプライチェーンの全体最適化が検討されている。

【図3 - 2　グルーヴノーツと日本惣菜協会のデータレイク検討】
共通するデータ収集、標準化、ビッグデータによる価値創造

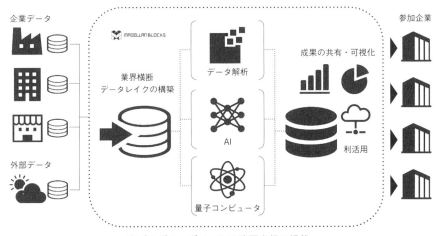

出所：グルーヴノーツの許可を得て掲載。

3 ビジネス・アナリティクス

　ビジネス・アナリティクスとは、データを用いた定量的な分析をビジネスでの意思決定に活用する方法である。従来の経験や勘による意思決定は、ビジネスの規模が小さく、ビジネス環境の変化が小さい場合は、有効だったかもしれない。しかしデジタル技術の発展など環境の変化が激しい現代では、ビジネスの問題は複雑にな

り、経験や勘ではより良い意思決定を行うことが難しくなっている。より良い意思決定のためにデータに基づく定量的な分析が必要になる。

　近年、デジタル技術の発展により、ビッグデータを取得し、処理できるようになった。それによりビジネスに限らず、教育、行政、経済、医療など様々な分野でデータを用いた定量分析が必要になってきた。統計的スキルだけでなくビッグデータを扱うためのプログラミングのスキルやAIや機械学習の知識も求められるようになっている。これらのスキルを駆使してデータから価値を生み出すことを一般的にデータサイエンスと呼ぶ。ビジネス・アナリティクスは、データサイエンスよりもビジネスでの意思決定に焦点が当てられている。

◉ ビジネス・アナリティクスの3つの分析方法

　ビジネス・アナリティクスには大きく分けて3種類の分析方法がある（**図3 - 3**）

【図3 - 3　ビジネス・アナリティクスの3つの分析方法】

記述的分析 （Descriptive analysis）	何が起こったのか正しく理解するための分析
予測的分析 （Predictive analysis）	将来に何が起こるのか予測するための分析
処方的分析 （Prescriptive analysis）	何をすると最適なのかを導くための分析

出所：著者作成。

　記述的分析（Descriptive analysis）とは、データをもとにビジネスにおいて何が起こったのか、正しく理解するために行う分析である。例えば本章の冒頭のPOSデータの場合、そのままではお弁当を買ったという事実が記録されているだけである。これを意思決定に役立つ情報にするには、商品カテゴリーごとに集計し、天気や時間帯別の売れ行きの違いをグラフで示すなどの加工が必要になる。こうすることでその商品が売れたのか売れなかったのか、どういったときに売れたのかなど、起こったことを把握し、結果の検証を行う。企業は自分たちの行動の結果を検証することによって、知識やノウハウを獲得することができる。

　データ分析を意思決定に活かすためには、データや分析結果をグラフなどにより効果的に可視化することは重要である。近年では個人で入手できるようなアプリケーションソフトで、統計的知識やグラフ作成やデザインに関する特別な知識がなくても、データを視覚的に分かりやすいグラフや図にすることができるようになってきている。

　予測的分析（Predictive analysis）とは、データをもとに将来に何が起こるのかについて予測するための分析である。過去のデータを分析することで将来の予測モデルを作成する。例えばイベント会場が近くの店舗で天気が晴れだとすれば、どの商品がどれくらい売れるのか、過去のデータの分析から予測する。この予測モデルがあれば商品の発注量の意思決定に役立つ。予測モデルは、データの中にある関係性をビジネスの知識と統計的スキルを活用しながら見出すことによって作成する。

　AIの機械学習はその予測モデル作成を自動化する技術と言える。過去のデータを訓練データとして学習させることで、データの中の関係性を自動的に見出し予測モデルが作成される。近年データが重要視される理由として、機械学習の技術によって予測モデルの作成が容易になったことが大きい。

　処方的分析（Prescriptive analysis）とは、何をすべきか、何をすると最適なのかを導き出すための分析である。ビジネスの意思決定に処方箋をあたえるための分析と言える。商品の売れ行きが予測できたとして、その予測どおりの量を仕入れることが最適だろうか。もしかするとその商品が売れることで、他の商品が売れなくなるかもしれない。そのもう一方の商品の利益のほうが大きければ、予測どおりに仕入れることは全体の利益を減らすことを意味し、企業にとっては最適とは言えないかもしれない。このようなトレードオフが多くある場合や選択肢の組み合わせが多数ある場合などに、データを使いながら定量的に分析し最適解を求める。企業はこの定量的な分析結果を意思決定に活用する。

　「MAGELLAN BLOCKS」は上記のような3種類の分析において、統計、プログラミング、数理モデリングなどのスキルを不要とし、ビジネスの意思決定者が経営課題に集中できるようにするサービスである。クラウドサービスであることから、サーバマシンの管理運営のためのコンピュータに関するスキルも必要なくなっている。データをビジネスに活用するハードルは下がってきていることが分かるだろう。

Column 3 - 2

クラウドコンピューティング

　コンピュータは処理を分担しながら行うことができる。例えばスマホのアプリやゲームが「サーバメンテナンス」といって利用できない、という経験はないだろうか。それはスマホでの処理と、インターネット経由でサーバマシンが行う処理が役割分担されているため、サーバマシンをメンテナンスすると、アプリ自体が利用できなくなるためである。

　クライアントサーバシステムとは、クライアント（依頼側）とサーバ（提供側）で処理を分担する仕組みである。従来の業務用システムは、サーバマシンを自社で所有し、従業員の使うPCをクライアントとするオンプレミスと言われる方式をとっていた。自社ですべて運用する方式である。通常、企業の敷地内にサーバマシン専用のサーバルームを用意し、サーバマシンが安定稼働するように電力や温度など管理しながら運用する。サーバマシンやサーバルームのメンテナンスに加え、それを行う人的リソースも必要となるため管理・運用にコストがかかる。サーバマシン導入に伴うコストの負担も大きい。

　クラウドコンピューティングは、サーバマシンを自社で所有することなく、インターネット経由でサービスのみ利用できる方式である。サーバマシンはAmazonやGoogleなどが持つデータセンターと呼ばれる専用施設に設置されており、サービスを利用した分だけ料金を支払う形で運用できる。

　企業はサーバマシンの管理・運用から解放され、ビジネスに集中できるようになる。サーバマシンの導入コストやメンテナンスコストが削減できるため、業務用システムを導入しやすくなった。システムを提供する企業にとっても、クラウド上のサーバマシンにシステムを稼働させておけば、顧客にインターネット経由でアクセスさせるだけでサービスを提供できるようになる。クラウドコンピューティングが今のITサービスの広がりを生んだと言えるだろう。

4 組み合わせ最適化

組み合わせ最適化

　組み合わせ最適化とは、様々な制約のもとで、膨大な選択肢の中から最適な組み合わせを求めることである。例えば、決められた予算という制約の中で、利益が最大になるように仕入れ商品を選択する、トラックドライバーが超過勤務にならないという制約のもとで、配送コストが最小になるように複数のトラックについて、配送経路、配送品の配送計画を立てる。これらが組み合わせ最適化問題となる。

【図3－4　巡回セールスマン問題】

都市を巡回する最適ルートは？

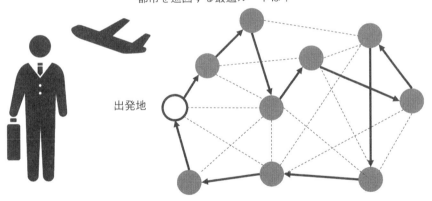

出所：著者作成。

　組み合わせ最適化問題として有名なものに、巡回セールスマン問題がある（**図3－4**）。セールスマンが回らなければならない都市がいくつかあるとき、すべての都市を1度ずつ回ってから最初の都市に戻ってくる最短距離のルートを求める問題である。距離でなく、都市間の移動にかかる費用や時間を最小にする場合もある。もしも回らなければならない都市が少なければすべてのルートを列挙して最適なものを調べることができる。しかし都市数が増えると途端に列挙することは難しくな

る。例えば5都市では全部で12ルートだが、10都市になると18万1,440ルート、20都市だと約6京ルート（1京＝1兆の1万倍）となる。30都市になると、4.4×10^{30}ルートとなり、これは20都市のルート数の70兆倍ほどになってしまう。このように組み合わせる要素（ここでは都市）の数が増えると、選択肢である組み合わせの数が急激に増加する。これを組み合わせ爆発という。複雑化するビジネスの問題では、組み合わせ爆発が起こってしまうため、最適な意思決定を行うことは簡単ではない。

　組み合わせ爆発のため、すべての組み合わせを列挙して最適解を求めることは難しい。そのためコンピュータの計算能力を使って最適解、またはそれに近い解、近似解を求める解法が研究されてきた。大きく分けると2つの解法がある。1つは厳密解法と呼ばれる厳密な最適解を求めるアルゴリズムである。もう1つは近似解法と呼ばれる最適ではないかもしれないがそれに近い解を、現実的な計算時間で求めるアルゴリズムである。ビジネスにおける意思決定においては、短時間で計算できる近似解法の価値は高い。状況の変化があった場合にすぐに最適解の候補が得られれば、それを参考にして意思決定を行うことができるためである。

◎ 何を最適化すべきか

　何がビジネス上の問題なのか、それは解決すべき重要な問題なのかを考えることが最初に必要となる。それによって何を最適化するのか、また何が満たすべき制約条件となるのかが決まり、組み合わせ最適化問題として設定できる。問題の重要性を考えず、ただやみくもに組み合わせ最適化問題を作っても、その最適解はビジネスに役に立つものにはならないかもしれない。現実の問題を数学的に解ける問題にすることをモデリング（定式化）という。正しいモデリングを行うために、ビジネスへの理解が必要になる。

　モデリングによっては個人の利益の最適化でなく、対象とするシステム全体の最適化が可能となる。対象を社会全体にすれば組み合わせ最適化は社会課題の解決に取り組むものになる。グルーヴノーツが日本惣菜協会と行う「AIによる需要予測と協調領域データレイク検討」は最適化の範囲を自社でなく、サプライチェーン全体、業界全体に広げようとする取り組みである。小売と食品メーカーが協調することで、サプライチェーン全体で食品ロスや機会損失の削減や、さらなる業務効率化という課題解決に取り組む。もしも小売が自社の範囲だけで食品ロスを解決するな

らば、食品メーカーへの返品によって自社の食品ロスは見かけ上は削減できるだろう。しかし結局は食品メーカーから食品ロスが出るため、食品ロスの問題は解決できたとは言えない。

　解決すべき問題を正しく設定し正しいモデリングを行うために、ビジネスへの理解がやはり重要となる。

5 おわりに

　本章ではビジネスにおけるデータ活用の手法であるビジネス・アナリティクスの３つの分析方法（記述的分析、予測的分析、処方的分析）と最適な意思決定に必要な組み合わせ最適化の概念について学んだ。これらはデータによってビジネスで価値を生み出すことに役立つ。

　データを活用するためのハードルは下がってきている。ビッグデータを扱うこと、AIを利用すること、量子コンピュータによる最適化など、これまで専門的な知識やスキルが必要であったものが、ソフトウェアの発展によって比較的容易に利用できるようになってきた。それに伴いデータを活用して「何をすべきか」というビジネスでの視点がより重要になったと言えるだろう。

　一方で、ビジネスにおけるデータの活用については別の課題がある。ビジネスの意思決定者がデータ分析の成果を理解していないことで、データ分析が意思決定に活用されないという課題である。データサイエンスにおいて「ラストワンマイル」と呼ばれているこの課題は、デジタル技術の活用全般にも当てはまるものであろう。本章で説明した通り、専門的な知識やスキルは以前より必要がなくなってきている。専門性は無くてもデータを使って何ができるかを理解し、ビジネスに活用できる人材が求められる。

❓ 考えてみよう

① コンビニ最大手のセブン-イレブンは、POSデータを仮説の検証のために使うと言われている。この有効性について考えてみよう。

② 画像判別のAIモデルは無料のソフトウェア（Microsoft Lobeなど）でも作成できる。どんな画像を判別するAIを作れば、ビジネスで活用できるか考えてみよう。

③　食品ロスという社会課題を解決するためには、何を最適化すべきなのか、どのような組み合わせ最適化問題にすべきなのか、考えてみよう。

主要参考文献

穴井宏和、斉藤努『今日から使える！組合せ最適化　離散問題ガイドブック』講談社、2015年。

武田俊太郎『量子コンピュータが本当にわかる！―第一線開発者がやさしく明かすしくみと可能性』技術評論社、2020年。

マット・タディ（上杉隼人、井上毅郎訳）『ビジネスデータサイエンスの教科書』すばる舎、2020年。

次に読んで欲しい本

☆データ分析によって競争優位を獲得している企業が何を行っていて、どう成功しているのかについて、詳しく学ぶには…。

トーマス・H. ダベンポート、ジェーン・G. ハリス（村井章子訳）『分析力を武器とする企業―強さを支える新しい戦略の科学』日経 BP、2008年。

☆定量的分析によるサプライチェーン最適化について、詳しく学ぶには…。

デビッド・スミチ - レビ、フィリップ・カミンスキー、エディス・スミチ - レビ（久保幹雄監修、伊佐田文彦、佐藤泰現、田熊博志、宮本裕一郎訳）『サプライチェーンの設計と管理（普及版）―コンセプト・戦略・事例―』朝倉書店、2017年。

第 4 章

サプライチェーン・マネジメント

：リー&フォン

第 4 章

1 はじめに

　日頃着用する衣料品が、どのような過程を経て私たちの手元に届いているのか、考えたことはあるだろうか。例えば、ジーパンを製造して販売するためにはいろいろな作業を段階的に行う必要がある。まず、どのようなジーパンを製造するのかについて詳細を設計しなければならない。製品設計が確定すると、デニム生地、ファスナー、ボタンなど、必要な原材料が集められた工場において、生地の裁断、縫製、洗いなどの作業が行われてジーパンは完成する。完成したジーパンは工場から小売店舗へと輸送されて、気に入ってもらえれば消費者に購入される。ジーパンをインターネットでも販売するならば、店舗販売とは異なる経路で消費者に届けられる。

　本章では、アパレル製品の小売ビジネスを主な対象として、ビジネスプロセスの各段階の担い手を効果的に組み合わせる独特なビジネスモデルによって成功を収めた企業であるリー＆フォン（利豊）社を取り上げる。リー＆フォンの事例をもとに、SCM（サプライチェーン・マネジメント）と呼ばれるビジネスプロセスの管理に関する概念を学び、さらに、デジタル技術が企業のSCMをいかに強化するのかについて考える。

2 事例：リー＆フォン（利豊）

◈ 創業からビジネスモデルの転換まで

　リー＆フォン（**写真4−1**）は中国広州の輸出貿易企業として、1906年に設立された。初期には磁器、籐商品、手工芸品、花火などの輸出を手がけていた。1930年代までに広東における主要な対外輸出入企業の1つとなったリー＆フォンは、1937年に中心的な業務の拠点を香港へと移した。本社を香港に移転させた1949年以降、リー＆フォンは衣料品、玩具、電子機器、プラスチック製の造花などの輸出企業として存在感を高めた。

　1972年、創業者の1人の孫であるW. フォン（馮國綸）がリー＆フォンに加わ

【写真4‐1　リー＆フォンのホームページ】

写真：madamF/Shutterstock

り、さらにその1年後、W. フォンの兄であるV. フォン（馮國經）も加わった。売り手と買い手をつなぐ仲介業者の役割の相対的な地位の低下による、自社のビジネスの利幅の減少を目の当たりにしていたフォン兄弟は、ビジネスモデルの変革を段階的に実行した。まず、台湾、韓国、シンガポールにオフィスを設けて、製品の調達拠点の地理的な範囲を拡大させ、買い手にとってのリー＆フォンの仲介サービスの価値を少しでも高めることを目指した。そして次の段階として、買い手が希望する製品の製造プログラムをリー＆フォンが提案し、運営する、新たなサービスを開始した。

　この新たなサービスにおいては、まず、顧客が、希望する製品のコンセプト案と必要な数量をリー＆フォンに伝える。そして、リー＆フォンが顧客の製品コンセプト案をもとに、必要な原材料を選定し、製品を試作する。試作品には、必要があれば顧客の意見を反映させた修正が加えられる。試作品に対して顧客の承認が得られれば、リー＆フォンが製品を買い手に届けるまでの業務をすべて取り仕切る。具体的には、製品製造の全体的な計画の作成、すべての原材料の調達に関する契約、製造を委託する工場における製造の計画やモニタリングなどについての責任を負い、製品の品質と納期を保証する。

　1980年代、リー＆フォンはこのような新たなサービスを提供するビジネスモデルによって、売り手と買い手をつなぐだけでは実現できない価値の創造に成功した。この時期においては、中国の対外開放政策もリー＆フォンにとって追い風となった。リー＆フォンは、製品の製造過程における労働集約的な作業を中国南部の低コスト

の業者に外注し、製品の最終検査や梱包作業などの高付加価値作業を香港で行う「分散製造方式」によって、成長する韓国や台湾の製造企業にもコスト面で対抗することができた。

◈ グローバル・サプライチェーン・コーディネーターとしての成長

　分散製造方式が生み出す価値を確信したリー＆フォンは、1980年代以降、製品や原材料のより良い調達先を求めて、自社の調達ネットワークの拡大を続けた。その結果、製品コンセプト案を提示してきた顧客に対して、その製品の国際的に最も望ましい供給手段を顧客に提案し、実現するサービスを提供することができるようになった。例えば、米国の小売業者から30万着のカーゴショーツの注文を受けたとすると、ボタンは中国、ファスナーは日本、織り糸はパキスタンからそれぞれ調達し、中国の工場に生地製造と染色加工を委託し、バングラデシュの工場に縫製を委託するというような選択がリー＆フォンには可能である。さらに、顧客への製品の納期を早めるために、バングラデシュでは3工場に注文を振り分けるようなことも検討される。複数の工場で縫製が行われたとしても、リー＆フォンが各工場で品質管理を行い、すべてのカーゴショーツが1工場で製造されたかのように仕上げられる。

　上記の例が示すリー＆フォンのビジネスモデルのことを、本章では「サプライチェーン・コーディネーション・モデル」と呼ぶことにする。サプライチェーンとは、リー＆フォンが顧客に対して提案するような、ある製品を顧客に届けるための供給手段の全体を指す用語である。サプライチェーンの具体的な定義については次節で学ぶ。第4節で述べるように近年は苦戦している一面が見られているものの、リー＆フォンは現在までに、アパレル製品の小売ビジネスを主な対象とするサプライチェーンのコーディネーター（調整役）として、グローバルにビジネスを展開する大企業へと成長を遂げている。2019年、リー＆フォンの調達ネットワークに属するパートナー企業の数は1万に達し、製品の製造が行われた国の数は50を超えたと報告された。また、同年のリー＆フォンの連結売上高は114億1,300万米ドル、連結コア営業利益は2億2,800万米ドルだった。

　次節では、SCMの概念の基本事項を学んだ上で、リー＆フォンのサプライチェーン・コーディネーション・モデルの成功が、効果的なSCMの実践によるものであったことを確認する。そして第4節では、近年のリー＆フォンのDX戦略に関す

る動きをもとに、昨今のビジネス環境においては、デジタル技術の活用が企業の
SCM を強化する鍵となることを理解する。

3 サプライチェーン・コーディネーション・モデル

◉ SCM（サプライチェーン・マネジメント）とは

　サプライチェーンとは、原材料から始まり最終顧客で終わる、ある製品または
サービスを販売するために必要な供給の連鎖のことである。**図4－1**はサプライ
チェーンの例として、新車の乗用車のサプライチェーンを単純化させて表している。
サプライチェーンは、関与する企業、拠点、顧客などを、原材料、部品、製品など
の物の流れを表す矢印でつないで図示されることが多く、**図4－1**もこのような方
針で描かれている。

　一般に、新車を購入したい顧客は、乗用車の小売業者の店舗を訪れて購入を決定
する。小売業者の店舗では、顧客は店舗に在庫として保管されている新車を購入す
るかもしれないし、店舗に在庫が無ければ注文して、数週間（あるいは数か月）後
に注文した新車を受け取るかもしれない。いずれにせよ、顧客が購入する新車は、
乗用車の最終組立工場から物流業者のトラックによって小売業者の店舗に輸送され
る。最終組立工場では、シートや電子機器などが一次サプライヤーから届けられて、
乗用車が組み立てられる。各一次サプライヤーは必要な部品を二次サプライヤーか
ら受け取り、各二次サプライヤーは、一次サプライヤーに供給する部品を製造する

【図4－1　新車の乗用車のサプライチェーン】

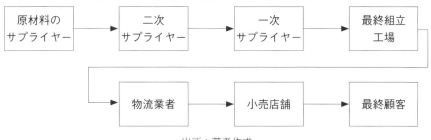

出所：著者作成

ために必要な原材料を、原材料のサプライヤーから受け取る。**図4－1**が表している新車の乗用車のサプライチェーンは、顧客からさかのぼると以上のように理解することができる。

　SCMは、サプライチェーンの純創出価値を最大化させることを目的として、サプライチェーンにおける物、情報、資金の流れや資産を統合的に管理することを意味する概念である。ここで、サプライチェーンの純創出価値は、製品またはサービスの最終顧客にとっての価値と、その製品またはサービスを最終顧客に届けるためにかかるサプライチェーン全体のコストの差である。効果的なSCMを実践するためには、顧客が何を求めているのかを正確に把握し、サプライチェーンの資産を活用しつつ、コストの面で効率的にサプライチェーンにおける物、情報、資金の流れを管理しながら、顧客の要望に応えることが肝要である。

　サプライチェーンは、新車の乗用車の例のように複数の事業主体で構成されることが一般的である。そのため、効果的なSCMを実践することは多くの場合において容易ではない。SCMを困難にする要因の1つは、サプライチェーンの目的と、サプライチェーンに属する各事業主体の目的との間のずれである。自己の目的を最優先して意思決定を行う事業主体を集めて、サプライチェーンの純創出価値の最大化という共通の目的のために足並みを揃えさせるのが難しいことは、想像に難くない。各事業主体が自己の目的だけのために動けば、偶然の場合を除き、サプライチェーンの純創出価値が最大化されることはない。物や資金はサプライチェーンを効率的に流れず、各事業主体において得られている情報も、サプライチェーンの最適化のために必要なレベルでは事業主体間で共有されない。

　上記のような難しさにより、SCMは企業にとって困難な経営課題となりうる。しかし見方を変えれば、効果的なSCMの実践は、競合企業による模倣を困難とする、強力な競争優位性の確立につながるとも考えられる。

リー＆フォンの強み

　リー＆フォンは、独特なビジネスモデルによって、サプライチェーンのコーディネーターとして効果的なSCMの実践に成功した企業である。**図4－2**は、リー＆フォンのサプライチェーン・コーディネーション・モデルを示している。リー＆フォンのサプライチェーン・コーディネーション・モデルの強みは、自社のグローバルな調達ネットワークを活用して、顧客からの製品供給の注文ごとに、固有のサ

【図 4 - 2　リー＆フォンのサプライチェーン・コーディネーション・モデル】

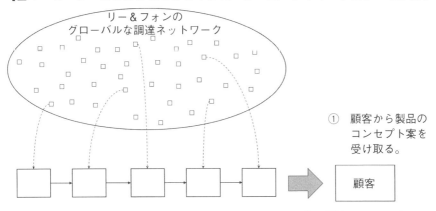

① 顧客から製品の
　 コンセプト案を
　 受け取る。

第4章

顧客

② 調達ネットワークから調達パートナーを選定し、
　 顧客の注文に対して最適なサプライヤーチェーン
　 を構築する。

③ 構築されたサプライ
　 チェーンによって顧
　 客の注文を満たす。

出所：Fung, Fung, and Wind（2008）、図 1 - 2 をもとに著者作成。

プライチェーンを構築することにある。顧客が製品の注文を製造業者に直接行う場合、原材料の調達先の選択などの意思決定は製造業者に依存することになるが、製造業者はこの注文だけのために働いているわけではないため、一般にこの注文にとって最適な意思決定はされない。

　一方、リー＆フォンに注文すると、この注文のためにカスタマイズされたサプライチェーンによって、顧客の要望は効果的に満たされることとなる。リー＆フォンのサプライチェーン・コーディネーション・モデルは、このような仕組みでサプライチェーンの純創出価値を大幅に高めた。顧客からの依頼を起点として、案件ごとにサプライチェーンを構築するリー＆フォンのビジネスモデルは、プル型のビジネスモデルと見なすこともできるだろう（Column 4 - 1）。

　顧客からの各注文について調達パートナーを独立に選定する柔軟性を保たせながら、各調達パートナーにリー＆フォンのサプライチェーンの創出価値の最大化のために動いてもらえるように、リー＆フォンは「30／70 ルール」を設定した。このルールは、各調達パートナーのビジネスにおいて、リー＆フォンが30％から70％の間の占有率を維持することを意味する。この範囲内の占有率によって、リー＆フォンは各調達パートナーにとって主要な取引相手になれる一方、過度に依存されることを避けられる。このような「固くて緩い」関係を結んだ調達パートナーとと

Column 4 - 1

プッシュとプル

　プッシュとプルは、SCMにおける重要な概念である。プッシュは将来の需要を当てにして仕事をすることを意味し、プルは需要が実際に発生して初めて仕事を始めることを意味する。ハンバーガーをまとめて作って商品棚に並べておくのはプッシュ型で、顧客の注文を受けてからその顧客のためにハンバーガーを作り始めるのはプル型である。一般に、サプライチェーンにはプッシュとプルが同居する。例えば、ハンバーガーをプル型で作るとしても、ハンバーガーを作るための材料（焼く前のパティや切られた野菜など）はプッシュ型で用意される。リー＆フォンのサプライチェーンは構築の段階からプル型であると言えるが、調達パートナーがあらかじめ用意している汎用部品を使用するのであれば、その部品の製造過程はプッシュ型である。

　プッシュとプルの概念は、顧客サービスにも適用させることができる。例えば、コールセンターのサービスにおいて、よく照会される顧客の要望に対してあらかじめ用意されているマニュアルを読み上げるだけのような応対は、プッシュ型のサービスである。一方、想定されていなかった顧客の要望に対して、その場で考えて回答を提供するのは、プル型のサービスである。即座に回答を返せる長所がある一方で、プッシュ型のコールセンターのサービスには、個々の顧客にとって最適な応対を提供していない側面もある。

　顧客が自身の問題をわかりやすく説明することができなければ、オペレーターが顧客の問題をあらかじめ想定されていた問題の1つに無理やり当てはめて、ずれた応対をしてしまうような事態も起こりうる。定型文的な応対に苛立ちを覚える読者は少なくないと思われるが、そのようなサービスの原因はオペレーター個人にあるのではなく、プッシュ型に設計されたサービス・システムにあるのだと考えれば、少しは寛容な態度でオペレーターとの通話に臨めるのではないだろうか。

もに、リー＆フォンはコーディネーターとして、サプライチェーンの目的と個別の企業の目的との間のずれを最小限に抑えられたと考えられる。リー＆フォンは自社で工場を保有していないが、原材料の購入・検査や製造計画などの役割を担い、各調達パートナーと緊密にコミュニケーションをとりながら、サプライチェーン全体の状況を俯瞰することができた。サプライチェーンの純創出価値の最大化がそのま

ま自社の利益の最大化につながるリー＆フォンがサプライチェーン全体を統括する役割を担うことによって、各調達パートナーの足並みを揃えることができたと考えられる。

4 競争環境の変化への対応

競争環境の変化

　グローバル・サプライチェーン・コーディネーターとして成長を続けてきたリー＆フォンであったが、2010年代に入ってからは苦戦を強いられている。その主な原因の1つとして挙げられるのが、個人向けEC（eコマース＝電子商取引）事業の隆盛である。近年、スマートフォン端末やタブレット端末が世界的に普及し、多くの消費者が気軽にネット通販サービスを利用して商品を購入するようになった。商品の購入の場を実店舗からインターネットへと移す消費者の増加は、実店舗小売事業を主とするリー＆フォンの顧客の利益を絞り取り、さらにはリー＆フォンの利益も絞り取った。リー＆フォンの顧客の一部には、リー＆フォンを介さずに、製造業者から直接購入する選択を増やす動きも見られるようになった。ここにきて、1970年代からフォン兄弟が実行したような外部環境の変化への革新的対応が、リー＆フォンには再び求められている。

サプライチェーンのデジタル化の推進

　リー＆フォンは2014年にCEO（最高経営責任者）に就任した、V. フォンの子息であるS. フォン（馮裕鈞）を中心に、リー＆フォンのサービスの価値を高める手段としてデジタル化による自社のビジネスモデルの変革を推進している。S. フォンは2020年、V. フォンの後任として、リー＆フォンの親会社の会長職に就任した。リー＆フォンが中心的な課題として考えているのは、リードタイム（顧客から製品供給の依頼を受けてから、顧客に製品が届くまでに要する時間）の短縮である。毎分（あるいは毎秒）のペースでインターネットから情報を収集し、目まぐるしく流行を移り変わらせる昨今の消費者に対応するためには、これまで以上にリードタイ

ムの短縮に注力する必要があると考えられた。

　リードタイムの短縮のためにリー＆フォンが行った施策の1つは、製品開発・設計過程における作業のデジタル化である。3D設計ソフトウェアの活用（**写真4 - 2**）により、試作品の製作を含む、新製品の開発・設計過程において必要とされる作業をすべてバーチャルな空間で行えるようになり、所要作業時間は劇的に短縮された。数週間を要するとされていた設計の承認までの過程は日単位の長さで完了することができるようになり、その他の作業に要する時間も大幅に短縮された。バーチャルな空間では、まだ試作品もできていない段階で、ファッションモデルに新製品の候補の洋服を試着させることができるし、新製品の候補の洋服を陳列したときの店舗の雰囲気を確認することもできる。そしてリー＆フォンの製品開発・設計過程をさらに加速させているのは、リー＆フォンと顧客をつなぐクラウド・ベースのプラットフォーム（環境基盤）である。このプラットフォームによって、新製品の開発・設計に関する情報の取得ややり取りを顧客との間で迅速に行うことが可能となる。

　リードタイムの短さはリー＆フォンのサプライチェーン・コーディネーション・モデルの長所としてもともと認識されていたのだが、上記の例のようなデジタル技術の活用により、その長所はさらに強化されている。リー＆フォンのウェブサイトでは、リードタイムの業界平均が40週間であるのに対して、リー＆フォンのサービスを利用すればそれを16週間に短縮することができると説明されている。

　リー＆フォンの製品開発・設計過程のデジタル化の事例は、デジタル技術の活用

【写真4 - 2　3D設計ソフトウェアによる製品設計の様子】

写真：リー＆フォン提供

がサプライチェーンの純創出価値を高める手段として大きな可能性を秘めていることを示唆している。S. フォンはリー＆フォンの長期的な目標として、リー＆フォンのデジタル・プラットフォームに参加する調達パートナーと顧客とともに、サプライチェーンのすべての要素を完全にデジタル化することを思い描いている。サプライチェーンの始まりから終わりまでがデジタル技術によって切れ目なくつながれば、サプライチェーンにおける物、情報、資金の流れをデータとして完全に把握することが可能となる。そのようなデータの効果的な活用は、リー＆フォンのサプライチェーンの効率性をさらに高め、リードタイムの短縮だけに収まらない新たな価値の創造の機会をリー＆フォンにもたらすだろう。

第4章

◉ JD ドットコム（京東）との提携

2020年7月31日、リー＆フォンは、1億米ドルの出資を受けて、中国の個人向け EC 企業である JD ドットコム（京東）社と戦略的提携関係を結ぶことを発表した。JD ドットコム（**写真4－3**）は、他国と比較して圧倒的な規模を誇る中国国内個人向け EC 市場における、寡占企業の1つである。JD ドットコムは独自の物流ネットワークを有し、AI や機械学習などに関する独自の技術を培ってきた企業である。JD ドットコムとの提携は、S. フォンが指揮する、リー＆フォンの DX 戦略の一環として見なされている。JD ドットコムは SCM に関する自社の強みや技術を生かして、サプライチェーンのサービス企業として今後さらに発展していく

【写真4－3　中国北京市の JD ドットコムの本社】

写真：xcarrot_007/Shutterstock

ことを目指している。今回の提携は、「サプライチェーンのデジタル化の推進」という共通の目標を掲げるリー＆フォンとJDドットコムが、それぞれの異なる強みを組み合わせて新たな価値を創造する試みの始まりとして理解することができる。

　リー＆フォンとJDドットコムの提携は、巨大な中国国内個人向けEC市場に向けたビジネスの機会を拡大させたいリー＆フォンと、リー＆フォンのグローバル・サプライチェーン・コーディネーターとしてのノウハウや技術を活用したいJDドットコムとの間で、利害が一致した結果とも見なせるだろう。2021年7月7日、リー＆フォンは、JDドットコムとともに、家庭用品やペット用品を含むJDドットコムのプライベート・ブランド商品の共同事業を行うことを発表した。この共同事業は、最近、中国において急速に発展している新しいビジネスモデルであるC2M（consumer-to-manufacturer）モデルの活用に主眼を置いている（**Column 4 - 2**）。JDドットコムはリー＆フォンとの提携前からすでにC2Mモデルの複数の成功事例を示しており、リー＆フォンの製品設計能力とグローバルな調達ネットワークの調整能力によって、JDドットコムのC2Mモデルの価値がさらに高まることが期待されている。

5 おわりに

　本章では、国際的にサプライチェーンのソリューション・ビジネスを展開する香港の企業であるリー＆フォンの事例をもとに、SCMが生み出す価値について学んだ。さらに、リー＆フォンのDX戦略の一部を取り上げ、昨今のデジタル化が進むビジネス環境においては、デジタル技術の活用によるビジネスモデルの戦略的な変革を目指すことが重要であることを確認した。リー＆フォンの事例が示すように、ビジネスモデルの変革を考える際には、自社の業務の範囲を超えて、関与するサプライチェーンの現状を把握することが有用である。

　世界的な感染症リスク、気候変動、政情不安などの影響により、SCMの戦略的重要性は近年特に高まっている。先を見通しにくくする要素はさらに増加しているように感じられるが、過去には不可能と思われていたことをデジタル技術が可能にしていることも事実である。こういった背景も考慮すると、デジタル技術の活用によるSCMの強化は、リー＆フォンの事例に限らず、企業のDX戦略の軸となりうることが期待される。

Column 4 - 2

C2M（consumer-to-manufacturer）モデル

　C2M モデルは、最終消費者と製造業者のデジタルなつながりを軸とした新たなビジネスモデルである。2010年代後半から、アリババや JD ドットコムなどの中国の個人向け EC 企業が、消費者と製造業者をつなぐ役割を担い、C2M モデルを積極的に展開するようになった。C2M モデルでは、消費者の嗜好や行動傾向に関する情報を即時的に製造業者に届けて、消費者のニーズを満たす製品やサービスを素早く提供することが試みられる。リー＆フォンは、小売業者などの顧客からの依頼を起点としてプル型でサプライチェーンを構築するが、C2M モデルではもう一段川下に位置する最終消費者のリアルタイムのニーズを起点として、こちらもプル型で、最終消費者に製品やサービスを届けるための動きが開始される。ネット通販サービスの利用者が増加し、最終消費者の EC サイト上での行動のデータ（購入履歴や検索履歴など）や SNS（ソーシャル・ネットワーキング・サービス）上での行動のデータ（投稿の内容や各投稿への「いいね！」の数など）を容易に収集することができるようになったことが、C2M モデルの発展を促している。

　流行の移り変わりが激しい昨今の消費者のニーズに的確に応えるためには、ニーズを把握してから製品やサービスを提供するまでのリードタイムの短縮が不可欠である。中国における C2M モデルの発展の一因は、同国内で地理的に近接する個人向け EC 企業と製造業者の緊密な連携によるリードタイムの短縮である。JD ドットコムの場合はさらに、消費者のデータを効果的に分析し、製品設計の段階から高い精度で需要を予測して、製品設計過程に要する時間を大幅に短縮させる能力を有している。加えて、製品設計が確定すれば、JD ドットコムによって立てられた製造や流通に関する計画にもとづき、迅速に製品が製造されて消費者に届けられる。サプライチェーン全体の指揮を執る責務を負っているという点では、JD ドットコムとリー＆フォンの役割は同じである。

？考えてみよう

① 同種の製品で異なるサプライチェーンが観察されている事例を探し、なぜ違いが生じているのか考えてみよう。

② 特定の製品あるいはサービスのサプライチェーンの純創出価値を、デジタル技術の活用によっていかに高められるのか考えてみよう。

③　リー＆フォンは今後、どのようにして中国国内個人向け EC 市場へ向けたビジネスの機会を拡大していくべきか考えてみよう。

主要参考文献

杉田俊明「ケース・スタディ Li & Fung（利豊）—香港をベースにする多国籍企業—」『甲南経営研究』47(2)、71-85、2006年。

フランセス・フレイ、アン・モリス（池村千秋訳）『ハーバード・ビジネススクールが教える顧客サービス戦略』日経 BP、2013年。

Fung, Victor, William Fung, and Yoram Wind, *Competing in a Flat World: Building Enterprises for a Borderless World*, Upper Saddle River: Wharton School Publishing. 2008.

Li & Fung. "Annual Report 2019," <https://www.lifung.com/wp-content/uploads/2019/08/LiFung_AR_2019.pdf>2019.

Li & Fung. "Supply chain solutions," <https://www.lifung.com/supply-chain-innovation/supply-chain-solutions/>Retrieved July 20, 2021.

Magretta, Joan. "Fast, global, and entrepreneurial: Supply chain management, Hong Kong style. An Interview with Victor Fung," *Harvard Business Review*, 76 (5), 102-114. 1998.

Mak, Ho-Yin and Zuo-Jun Shen. "When triple-A supply chains meet digitalization: The case of JD.com's C2M model," *Production and Operations Management*, 30(3), 656–665. 2021.

National Retail Federation. "Creating the supply chain of the future," <https://www.youtube.com/watch?v=pC3SePgVDt0>2018.

次に読んで欲しい本

☆サプライチェーンについて、詳しく学ぶには…。

中野幹久『サプライチェーン・マネジメント論』中央経済社、2016年。

松井美樹編著『サプライチェーン・マネジメント』放送大学教育振興会、2021年。

第5章

ブロックチェーン
：ビットコイン

第5章

第6章
第7章
第8章
第9章
第10章
第11章
第12章
第13章
第14章
第15章

1 はじめに

　2018年8月に、コーヒーチェーン世界大手のスターバックス社はマイクロソフト社とインターコンチネンタル取引所と提携で、ビットコイン（仮想通貨）による取引と決済の環境基盤となるプラットフォームを構築すると発表した。また、同年11月からスターバックスの利用客はビットコインによる決済が可能になったと報じられた。2020年10月に、オンライン決済サービス大手のペイパル社（Paypal）は自社の口座をもつユーザーに、ビットコインやイーサリアムなどの仮想通貨の保持と売買ができるサービスを開始すると発表した。翌年3月に、2,600万店のペイパル加盟店でそういった仮想通貨による支払いができるようになった。上述のスターバックスとペイパルは本来、現金やクレジットカードによる支払いや送金の典型的なビジネスモデルだったが、現在、ビットコインといった仮想通貨の使用や運用を導入し、消費者に便利な決済とお金の取引に関する新方式の提供を試みている。

　ビットコインは**写真5－1**のように、1つの2進数の文字列であり、コンピュータで自動的に生成されるため、ゲームコインと同じく、仮想の世界でしか流通しないものだった。2010年、プログラマーのL. ハニエツは自分の所持しているビットコインの本当（現実）の価値を測ろうとして、「誰かピザ2枚を注文してくれた

【写真5－1　ビットコイン】

写真：クリエイティブ・コモンズ

ら、1万枚のビットコインを代金として支払う」とビットコインフォーラムのサイトで呼びかけた。結局、フロリダ州に住む男性が25ドルでパパ・ジョンズのピザ2枚を注文してくれた報酬として、1万枚のビットコインが支払われた。その日から初めて仮想世界でしか流通しないビットコインが現実世界の価値交換の手段（お金＝通貨）として使われるようになった。

　一方、ビットコインをはじめとする仮想通貨は、われわれの生活と仕事上で使われているプリペイドカードやペイペイ（PayPay）などによる電子決済とは本質的に異なるため、電子通貨の延長線上にある新しい通貨として括られるのは不適切である。つまり、上述の電子通貨で実際、使われるのは事前に預け入れられた法定通貨（円やドルなど）であり、それに対して、仮想通貨で使われるのはコンピュータで自動生成された1つの2進数の文字列である。ただ1つの文字列で5枚のビットコイン、あるいは、10枚のビットコインとして認められるためにはどのように信用が保たれているのだろうか。また、世界的に流通する通貨としてビットコインの流通と管理は誰、あるいはどんな機関・組織が運営しているのだろうか。さらに、仮想通貨の流通システムは金融以外の分野でどのように適用できるのだろうか。

　本章では、まず、従来の法定通貨の流通システムと仮想通貨のパイオニアであるビットコインの流通システムとの本質的な違いを学ぶ。そして、仮想通貨の流通システムを技術的に支える、ブロックチェーンの仕組みやその特徴などについて説明する。さらに、ブロックチェーン技術のビジネスへの応用として、発展が期待されているスマートコントラクトの概念について説明する。ブロックチェーンは、ビジネスモデルに本質的な変化をもたらす可能性を秘めているので、その応用を考える時に最低限知っておいて欲しいコンセプトを学ぶ。

2 事例：ビットコイン（Bitcoin）

🌀 仮想通貨とは

　近年、ビットコインをはじめとする仮想通貨が市場に流通するようになり、脚光を浴びている。日本銀行によれば、仮想通貨とはインターネット上でやり取りできる財産的価値であり、電子的に記録され、移転できると定義されている。日本では、

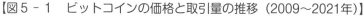

【図5‐1　ビットコインの価格と取引量の推移（2009～2021年）】

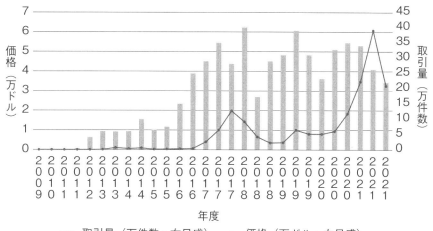

出所：著者作成。

仮想通貨と暗号資産が同じものとして定義されている。仮想通貨は従来の法定通貨と違い、国や中央銀行によって発行されたものではなく、今日の情報通信技術（ICT）と暗号化など一連の技術を組み合わせて生成される主に仮想世界で流通する通貨である。そのため、最初はオンラインゲームでアイテムを交換する手段として多く活用されたが、最近では、仮想通貨のパイオニアであるビットコイン（BTC）やイーサリアム（ETH）などの進出で、スターバックスやペイパルといった現実世界のビジネスとの架け橋である決済手段としても利用されるようになった。

　図5‐1はBTCが誕生した2009年から2021年7月までの市場価格と取引量の動向を示しているが、価格急落もあったが、全体的に急激な右肩上がりと言える。2010年では、1BTCに対して約30円のレートで換算されたが、2021年7月の1BTCは350万円前後であり、10年で10万倍ぐらい上昇したことになる。2021年5月に、電気自動車テスラの創業者であるE. マスクが、テスラの購入でビットコインの使用も認めると明言したことを受け、一時、1BTCの換算レートは630万円まで急騰した。

◈ 法定通貨と仮想通貨の本質的な違い

　我々の生活の中で、買い物や送金といったお金のやり取りにおいて、ペイペイや

プリペイドカードなどによるキャッシュレス決済が浸透しているが、使用される通貨はほとんど法定通貨の電子形態（電子マネー）に過ぎず、上述のような仮想通貨とは一線を画している（**表5-1**を参照）。電子マネーなどの普及で、我々の生活がより便利となり、仕事の効率性も高まったが、通貨流通の仕組みは従来の法定通貨の流通システムに基づいており、取引業務の実行から情報（データ）の管理まですべて法定通貨の発行機関や第三者機関によって中央管理されている。

　しかし、仮想通貨の場合、発行機関が存在せず、通貨は分散化されたネットワークの参加者全員の合意のもと、自動的に生成されるため、国によるお墨付きや該当する組織が総資産を担保にする信用保証が必要なく、中央管理組織や第三者機関を介しない「トラストレス（Trustless）」のシステム設計が実現されている。また、その取引に、後述するブロックチェーン技術が不可欠となっている。

　ビットコインの流通システムを理解するために、まず、従来の法定通貨の流通システムを見てみよう。法定通貨の発行や回収などの業務は中央銀行から直接に行われ、その他の業務（例：口座管理や取引確認など）もすべて金融機関によって運営・管理されている。言い換えると、我々の生活や仕事では、発生した取引がデジタル決済（電子通貨）でも貨幣決済でも最終的に金融機関によって処理され、ネットワークやセキュリティの面においてもすべて金融機関に中央管理されている。メリットとして、通貨の流通上のほとんどの業務は最も信用性の高い金融機関を通じ

【表5-1　従来の法定通貨、電子マネーと仮想通貨の比較表】

通貨形態	法定通貨	電子マネー	仮想通貨
実例	日本円	ペイペイ	ビットコイン（BTC）
発行元	日本中央銀行	PayPay 株式会社	存在しない
計量単位	1円	1円	1サトシ
総発行量	無制限	無制限	2,100万枚
取引手段	世界の銀行や株式市場等	PayPay 社と日本全国の加盟店	BTC のネットワーク上および専用の取引所
信用保証の方法	国によるお墨付き	PayPay 社（親会社はソフトバンク）の総資産を担保に	暗号化技術の適用や合意形成メカニズムによる万全なシステム設計
流通システムの特徴	中央集権型	中央集権型	自律分散型

出所：著者作成。

て行われ、効率性と安全性が高く確保されている。デメリットとして、取引がすべて金融機関という第三者によって実行され、取引者同士の情報などが完全に中央管理されていることにより、プライバシーの侵害やシステム上の潜在的なリスクが懸念されると言える。

　一方、BTC は「ナカモト・サトシ」と名乗る人物が2008年10月に発表した「Bitcoin：A Peer-to-Peer Electronic Cash System」（ビットコイン：P2P 電子通貨システム）の論文で、初めて BTC の仮想（暗号化）通貨としての特性や仕組みが説明された。その後、同論文に言及されたブロックチェーンの最初のブロックが公開されると共に、BTC が誕生した。法定通貨と仮想通貨の本質的な違いを理解するためには、BTC の取引プロセスを知る必要がある。

◈ BTC の取引プロセス

　BTC の取引とは BTC ネットワーク上にある匿名の口座（アドレス）から別の匿名の口座（アドレス）に BTC を送ることを指しており、現実世界のビジネスによる取引と合致しない部分が多い。そこで、下記の４ステップに沿って BTC の取引プロセスを概説する。例えば、AさんがBさんに５ビットコインを送るという取引を考える。この場合、Aさんは「AがBに５ビットコインを送る」という原文をBTC ネットワークで配信（ブロードキャスト）する必要がある。この配信は以下のプロセスで行われる。

①　Aさんは、所定の手続きに従って、原文を１つの長さが決まった文字列に変換する。この文字列のことをハッシュ値（要約値）という。例えば、下記のような文字列になる。
ハッシュ値：
0355643c8f8ce5ca964bc9ea1f894bbc8efd0d86011bb833e7500e973ac5bebb
　このハッシュ値は原文を要約したものになる。このハッシュ値の特徴として、ハッシュ値から原文を復元できないし、原文の少しの変更でハッシュ値は全く異なる文字列になる。
②　Aさんはハッシュ値を暗号化する。事前にシステムから生成された暗号鍵（秘密鍵）を用いてハッシュ値を暗号値に変換する。

③　Aさんは「AがBに5ビットコインを送る」という原文と暗号値とAさんの公開鍵をBTCネットワークのメンバー（BTCネットワークのノード（以下で説明））全員に配信する。ここで、公開鍵とは、AさんのBTCネットワーク上でのアドレス（ID）である。

④　その内容を受信したメンバーたちは検証を行う。つまり、原文を所定の手続きでハッシュ値に変換し、Aさんが配信したハッシュ値と同じか確認する。メンバーたちはAさんの暗号鍵（公開鍵）を使って、暗号値をハッシュ値に復元することができる。Aさんの配信したハッシュ値とメンバーたちが復元したハッシュ値が一致すれば、今回の取引が成立することになり、一致しなければ、却下される。

ところで、Aさんが秘密鍵を用いてハッシュ値を暗号値に変換し、メンバーたちは公開鍵を使って暗号値を復元できるという部分に注目していただきたい。これは公開鍵と秘密鍵からなるペアキーによる暗号化技術を利用しており、詳細についてはColumn 5 - 1を参照すること。

上記のBTCの取引と検証を実行するための中央サーバーはなく、BTCネットワークのメンバーである各ノード（Peer）が平等に権限を有し、互いに通信可能なP2P（Peer to Peer）ネットワーク上で行われている。各ノードに設置されているコンピュータはすべてサーバーとして自身のリソース（今までのすべてのBTC取引の履歴）をネットワークの他のノードと共有しながら、ワークステーションとしてシステムから要請されたミッションを遂げる。

BTCの最小単位はサトシと定められており、1BTC＝100,000,000サトシ（1億サトシ）である。また、BTCを発行する専門機関はなく、事前に定められたプロトコルによって自動的に発行される仕組みとなっている。BTCの4年間の発行量の上限は定められており、その上限は4年毎に半減されることになっている。つまり、2009年にBTCが初めて発行され、ほぼ2140年に発行が終了することになり、BTCの発行総数に上限が存在する。また、発行されたBTCを回収することは不可能である。以上の理由で、投資家がBTCを金（ゴールド）等に代わる投資・投機対象と見なし、BTCを購入するケースもよく見うけられる。

Column 5 - 1

BTC の発行に適用される暗号化技術

　ペアキーの使用は暗号化技術の大きな進歩と言える。本来、暗号化と復号化を行う際、事前に１つの暗号鍵が用意され、原文の暗号化でも暗号文の復号化でも同じ鍵が使われた（即ち、対称暗号化技術）。しかし、受信側に暗号鍵を送信する際、暗号鍵を盗まれる可能性があり、解読される恐れも高いため、長い間、数学者たちはその解決に悩まされた。1977年に、リベスト、シャミールとエイデルマンの３人の数学者によって、１つの暗号鍵を２つのペアキー（公開鍵・秘密鍵）に分け、１つが暗号化用に、もう１つが復号化用に設計された。これを非対称暗号化技術という。

　BTC のアドレスは公開鍵から生成されており、公開鍵と1対1で対応している。秘密鍵はランダムに生成されており、認証や電子署名などに使われる。また、非対称暗号化技術の特性により、BTC のペアキーは秘密鍵から公開鍵を作成できるようになっているが、公開鍵から秘密鍵を得ることは不可能である。

　非対称暗号化技術の実現は、認証機能の向上に拍車をかけた。データを相手に送信する際、相手の公開鍵でデータを暗号化すると同時に、自分の秘密鍵をかけて、電子署名を行うこともできるようになった。相手はこちらの公開鍵で検証を行い、送信したのは本人であるかを判断できる。ペアキーによる暗号化技術の登場はデータの暗号化送信に大きな変革をもたらした。データを暗号化できて、電子署名もできるため、小切手のように、データの暗号化送信技術で万全なセキュリティ体制を構築している。

　今日、量子コンピュータの発達により、計算の能力が著しく上昇し、非対称暗号化技術で保たれているシステムの安全性を脅かす懸念が高まっている。しかし、攻撃と守備の関係と同じように、暗号化と解読も常に互いに対抗しながら進化していくため、量子コンピュータによる解読の技術が強くなると同時に、量子コンピュータによる暗号化技術の進歩も期待できるだろう。

3 ブロックチェーン

◉ ブロックチェーンはブロックと呼ばれる台帳の連鎖

　ブロックチェーン（Blockchain）は分散型台帳技術とも呼ばれている。BTCの取引データが一定の件数（約4,000件）に達したら、1つのブロックに格納され（帳簿に計上）、新しいブロックが時間軸に沿って形成され、ブロックチェーン（台帳）の末尾に繋げられるといった作業が繰り返し行われる。

◉ マイニング作業で新しいブロックが生成される

　帳簿に計上するという記帳権を獲得するために、BTCネットワークのメンバーであるノードがマイニング（採掘）と呼ばれる作業を行う。マイニングはブロックチェーン技術の根本的な要素であるので、ここで説明する。また、マイニングを行うので、BTCネットワークのメンバー（ノード）はマイナーとも呼ばれる。

　図5-2は、新しいブロックの候補の生成のプロセスを示している。前節で言及したように、1つの取引は1つのハッシュ値に変換され、新しいブロックの候補の下部に示されているように、複数の取引に対して段ごとに変換作業が行われていく。最終的に、その変換作業はマークル・ルートというハッシュ値にまとめられ、全取引のハッシュ値（要約値）とされる。そして、上部のブロックヘッダーには、前ブロックのハッシュ値が配置されるが、それは前ブロックが生成される際、ブロックの情報がすべて1つのハッシュ値に変換された結果である。前ブロックを代表するハッシュ値が新しいブロックの候補のブロックヘッダーに配置されるため、前のブロックと厳密に繋げることが確保される。右隣のタイムスタンプはブロック情報の記入時の時間を意味するもので、毎回の取引の認証に対応している。それによって、ブロック情報に時間軸を加えることができる。

　上記の新しいブロック候補に含まれる要素をすべて揃えると、マイナーたちは最も重要な作業（マイニング）として、ブロックの全要素（前ブロックのハッシュ値、タイムスタンプ、全取引のハッシュ値など）を変換した新しいブロックのハッシュ

【図 5 - 2　新しいブロック生成の簡略プロセス図】

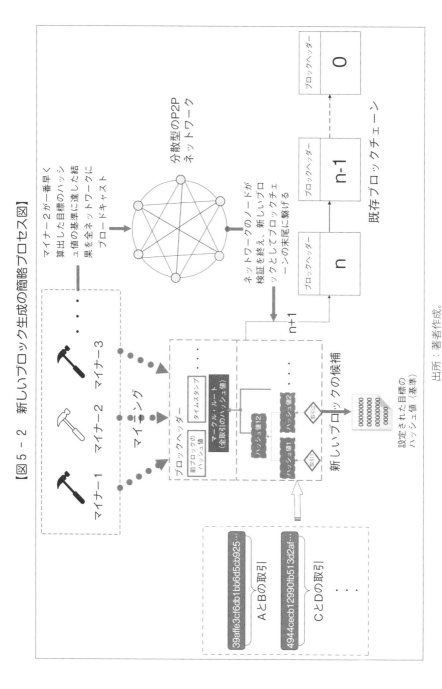

出所：著者作成。

値を作成する。マイナーたちは、各自が作成した新しいブロックの候補とそのハッシュ値に対して、ランダムに設定された目標のハッシュ値にいち早く到達するような競争を行う。目標のハッシュ値とはネットワークのノード数や参加しているマイナー全員のマイニングリソース（コンピュータの GPU パワー）の状況などを鑑みながら、ブロックチェーン・システムがダイナミックに設定したものである。また、目標のハッシュ値は具体的な 1 つの文字列というより、複雑に設定された 1 つの基準である（例えば、文字列の前70桁まですべて 0 でなければならないといったもの）。仮にマイナー 2 が一番早くその目標のハッシュ値に到達した結果を算出した場合、その結果がすぐに全ネットワークにブロードキャストされる。ネットワークの各ノードはそれを検証した後、マイナー 2 の生成した新しいブロックの候補が正式に採用され、既存のブロックチェーンの末尾にリンクされる。このことをマイナー 2 が新しいブロックの記帳権を獲得したという。そして、マイナー 2 への報酬として、新しい BTC が自動的に生成・送信され、1 回のマイニング作業（BTC の発行）が完了することになる。

第5章

◎ ブロックチェーンの取引情報は改ざんできない

　ブロックチェーンの運営に適用される P2P ネットワークにおいて、情報があるノードに届いた際、すぐに他のノードにブロードキャストされ、隣接ノードは同様に自分の隣接ノードにその情報をブロードキャストし、最終的に、その情報がネットワークのすべてのノードに到達する。

　BTC ネットワークのノードは全世界で 1 万ほどあり、各ノードはマイニングキャパシティとして、500台～数万台のコンピュータを所有する。ノードは前述のマイナーと基本的に一致するものと見なすことができるが、今日、ノードに要求されるマイニングのキャパシティが高まっているため、多くの小規模なマイナーたちはグループを組んで、マイニングキャパシティを高めて、マイニング競争に参加するように変わってきている。

　上述のように、ブロックヘッダーには前ブロックのハッシュ値が入っているため、すべてのブロックが繋げられ、ブロックチェーンが形成される。1 つのブロックの情報が改ざんされると、その後ろにあるすべてのブロックが変わらざるを得なくなる。したがって、それらのブロック情報が同一時点ですべて改ざんされない限り、改ざんされたブロックが容易に検出される。しかし、そのような状況が起こる可能

Column 5 - 2

合意形成アルゴリズム（Consensus Algorithm）

　ブロックチェーンのデータ・情報の信頼性と一貫性を保つため、メンバーが合意できるような演算手順である合意形成アルゴリズムが重要な役割を果たしている。主な合意形成アルゴリズムとして、「作業量の証明」、「資産保有による証明」、「委任型の関与の証明」の３つが挙げられる。

　「作業量の証明」は本文で紹介したビットコインで用いられている方法である。BTC の発行に至るまでのプロセスにおいて、BTC ネットワークの各ノードは、目標のハッシュ値にいち早く近づくようにコンピュータの GPU パワーを全開し、記帳権を争うというようなことができるのは、作業量の証明が適用されているからである。つまり、ノード自身のキャパシティをもってマイニング作業を行った作業量が最も優れたと証明されたため、記帳権を獲得できるという意味でフェアな仕組みになっている。

　一方、作業量の証明による合意形成は大量な GPU パワーや電力を必要とし、効率性が低いという問題がある。そのため、「資産保有による証明」という合意形成アルゴリズムが開発された。イーサリアムはその代表的な応用例であり、最も適用されている。資産保有による証明では、システムが事前にネットワーク上に自身の保有する仮想通貨（イーサ）を預入する者からその保有量と保有期間によって記帳権の付与を決める。大株主が主導権（記帳権）を握りやすくなり、ブロックチェーンの理念である自律分散型から遠ざかる恐れが指摘されている。

　「委任型の関与の証明」は、ビットシェアーズという仮想通貨の開発プロジェクトに関わっていたエンジニアの D. ラリマーが、システムが記帳できる取引数を増やすために提唱したものである。記帳権の付与をネットワークの全ノード（株主とも呼ばれる。）から一部分（20～100）の株主からなるグループに限定し、そのグループのメンバーを代理人と呼んだ。委任型の関与の証明の特徴として、ネットワーク上で、すべての株主は投票で代理人を選挙し、新しいブロックの発行を委任する。それによって、代理人の任務怠慢を防ぎ、参加するモチベーションを高めるようにした。

性がほとんどないため、ブロックチェーンの改ざん耐性が高く保たれていることになる。また、このようなブロック構造によって、どのブロックからも前後のブロックにあるすべての情報を調べることができ、チェーン全体のデータのトレーサビリ

ティ（追跡可能性）が実現されている。

4　スマートコントラクト

● スマートコントラクトとは

　スマートコントラクト（Smart Contract）の概念を最初に（1994年）提唱したのは暗号学者のN. サボだったが、中央管理や第三者関与の問題が解決されず、実用的な発展が成し遂げられなかった。2013年に、イーサリアムの創業者であるV. ブテリンはブロックチェーンのメカニズムをスマートコントラクトに取り入れた。つまり、コントラクトが意味する契約に関わる全員の協議や契約上の基準・機能などをすべてプログラムとしてコーディングし、契約などを自動的に履行できる（スマート）自律分散型環境を実現するプラットフォームを作り上げた。

　従来のスマートコントラクトの仕組みを理解するために、自動販売機に例えて考えてみよう。人が販売機に、お金を投入する。前提作動条件が満たされたので販売機が作動し、事前に設定されたプログラムに従って、商品を受け取ることができる。スマートコントラクトの場合、販売機と同様に、前提作動条件が満たされたとき、スマートコントラクトの論理ルールが自動的に反応し、その結果、ユーザーの状態や値（保有する物やお金など）が変化することになる。

　ブロックチェーンのメカニズムを適用したことで、スマートコントラクトの発展は加速された。BTC の場合と同様に、スマートコントラクトの発行について、ブロックチェーンの各ノードにブロードキャストし、スマートコントラクトがブロックに記入され、ブロックチェーンにリンクされる。その後のスマートコントラクトの履行は、すべてシステム上で自動的に行われるため、チェーン全体の完全な公開・透明性と改ざん困難性の実現が確保される。

● スマートコントラクトのサプライチェーンへの適用

　スマートコントラクトの応用において、サプライチェーンの分野で、様々な取組が行われている。現在、サプライチェーンの複雑化や脆弱性が高まっており、サプ

ライチェーンの透明性と持続可能性の強化が急務となっている。ブロックチェーンと関連技術の発達によって、透明かつ堅固な、また、第三者関与なしの情報ネットワークの構築が実現され、製品の製造元や現在どこにあるかの追跡が可能となり、顧客の製品購買時に最も賢明な意思決定を下すことができるようになる。

　サプライチェーンのメンバーであるメーカーや小売業者などの間で取引が行われる際、事前に綿密な契約や段取りの確認が必要である。例えば、小売業者から発注書が送られ、メーカーは発注書の内容、在庫や生産状況などを確認する。さらに、小売業者の支払い能力や未納履歴などの確認も行う必要がある。それらの確認を済ませた後、生産と供給を実行し、請求書を発行する。小売業者は請求書の内容と実際提供された製品やサービスとを照合し、支払いを後日に実行する。

　スマートコントラクトが整備されたサプライチェーンの場合、前提作動条件に合致したら、スマートコントラクトが自動的に履行される。つまり、事前にサプライチェーンメンバーの同意の上、スマートコントラクトが整備されると、小売業者の発注やメーカーの製品の出荷などはすべて自動的に行われる。代金の請求手続きも省かれ、銀行など第三者機関を通さず、振込などすべて自動的に済ませることになる。それによって、取引の効率性が高まり、メーカー側のキャッシュフローの圧力が軽減され、次の生産計画の執行に迅速に対応できるようになる。

　スマートコントラクトの内容が暗号化され、タイムスタンプが押され、認証された上で、各ノードにその情報が保存されるため、サプライチェーンの情報は改ざん困難であり、紛失されることもない。さらに、仲介業者や第三者機関の関与がなく、サプライチェーンの取引に関する安全性が保たれ、コストの削減が期待できる。

　スマートコントラクトによって、ビジネス環境におけるブロックチェーンの適用性と柔軟性が高まり、将来のデジタル産業の健全な発展に重要な役割を果たすと思われる。スマートコントラクトは法的契約、ビジネスロジック、さらに、複雑な人間関係までプログラミング化し、様々な分野や産業界に適用でき、既存のビジネスモデルの革新にも有効である。また、将来、スマートコントラクトの設計において、固定ルールの事前設定から知能化へ発展することが見込まれ、AI（人工知能）、機械学習やニューラル・ネットワークなどの研究領域の進歩に伴って、ブロックチェーンとAI領域との融合が期待できる。

5 おわりに

　本章では、ブロックチェーンの代表例であるビットコインの流通システムと電子マネーの流通システムの本質的な違いを学習した。この違いを理解するために、ビットコインの取引プロセス、ブロックチェーンでブロックとなる台帳の記帳権を競うマイニング作業を解説し、ブロックチェーンの自律分散型の構造を明らかにした。さらにブロックチェーンを用いたスマートコントラクトの概念とサプライチェーンでの応用例を解説した。暗号化技術や合意形成アルゴリズムの仕組みで、ブロックチェーンは取引や契約の情報が改ざんできないような形で保存することを可能としていることを理解することは、その応用を考える時に重要である。

　ブロックチェーン技術はまだ発展途上にあり、完全な自律分散型システムの実現、安全性の徹底確保、高効率性の維持という3つの相反する目的を同時達成するという課題は残っている。現段階において完璧なブロックチェーン・システムの実現は不可能と言えよう。一方、DX変革の遅れや既存の中央集権型システムの機能不全により、自律分散型のブロックチェーンのような新しいシステム構造が着目され、多くの分野における応用と発展が期待されている。

? 考えてみよう

① あなたが、今、100万円を現金で持っているとして、それを仮想通貨に交換して持つことで、具体的にどのようなメリットとデメリットがあるのか考えてみよう。

② BTC を発行するために、マイナーたちが記帳権を争い、マイニング作業をするという仕組みになっている。このような仕組みの合理性はどこにあるのか考えてみよう。

③ 本章で紹介した自動販売機の例を参考し、スマートコントラクトの実行の仕組みについて、説明してみよう。別の例を挙げながら、スマートコントラクトがどのように適用されるかについて考えてみよう。また、今後、スマートコントラクトとブロックチェーン技術がどのような分野で活躍できるかを予想してみよう。

主要参考文献

日本銀行「暗号資産（仮想通貨）とは何ですか？」<https://www.boj.or.jp/

announcements/education/oshiete/money/c27.htm>（2021年7月29日閲覧）

Koblitz, Neal. Elliptic Curve Cryptosystems, *Mathematics of Computation*, 48, 203–209. 1987.

Nakamoto, Satoshi. "Bitcoin: A Peer-to-Peer Electronic Cash System". <https://bitcoin.org/bitcoin.pdf>2008.

次に読んで欲しい本

☆ビットコインについて、詳しく学ぶには…。

　岡田仁志『決定版 ビットコイン＆ブロックチェーン』東洋経済新報社、2018年。

☆ブロックチェーンについて、詳しく学ぶには…。

　赤羽喜治、愛敬真生『ブロックチェーン 仕組みと理論（増補改訂版）』リックテレコム、2019年。

　野口悠紀雄『ブロックチェーン革命［新版］分散自律型社会の出現』日経ビジネス人文庫、2020年。

第 Ⅱ 部

戦略とビジネスプロセスの刷新でDX変革

第 6 章

デジタル経営の戦略とプロセス

：コマツ

1 はじめに

　私たちの周りには、スマートフォンやスマートウォッチ、家電製品などインターネットに接続される製品で溢れている。これらを本章では「スマート製品」と呼ぶ。私たちは、スマート製品の一顧客として提供される製品やサービスを利用し、満足感を得ることもあれば、得られないこともある。

　これを、スマート製品を提供する企業側の視点で捉え直してみようというのが、本章のデジタル経営の基本的な考え方である。みなさんは、日本企業のデジタル経営についてどのような印象を持っているだろうか。ひょっとすると、海外企業に比べ、出遅れたように見えるかもしれない。しかし、必ずしもそうではない。実は一部の日本企業は、技術的な強みを生かして、スマート製品を開発し、DX 変革に取り組むことで、競争優位を獲得している。

　例えば、本章で取り上げる株式会社小松製作所（以下、コマツ）は DX 変革について先進的な取り組みを行っている企業の 1 つである。同社は、顧客とのタッチポイント（接点）を大切にし、モニタリングによって大量の顧客データを収集し、それらをクラウドに上げて、AI で解析し、製造現場やサービス現場のソリューション提案に役立てている。同社が提供するのは、どちらかと言えば、製品単体でもなく、サービス単体でもなく、スマート製品を組み込んだソリューションである。DX 変革に取り組み、顧客の価値創造プロセスの流れを上手に設計・運用することで、ソリューション提案を実現している。

　では、スマート製品を組み込んだソリューション提案とはどのようなものだろうか。それらを実現するためのデジタル経営の戦略とプロセスとはどのようなものだろうか。本章ではそれらを学ぶためにコマツの事例を取り上げて見ていくことにしよう。

2 事例：コマツ

建機ビジネスの概要

　コマツは、1921年に創立し、2021年5月13日に100周年を迎えた長寿企業である。2021年3月期の連結の売上高は約2兆1,895億円、営業利益は約1,673億円、従業員数6万1,564名を誇る。売上高の約9割は建設機械・車両部門が占めており、同部門の地域別売上高は日本15%、中国・アジア14%、オセアニア12%、北米23%、欧州9%等となっている。日経NEEDS業界解説レポートによれば、2019年の販売金額でみたコマツの掘削機の世界シェアは、米キャタピラーの16.2%に次ぐ第2位の11.5%である。同社の最先端の建設機械（以下、建機）の1つとして、ICT（情報通信技術）で半自動制御する機械、すなわちICT建機と呼ばれるものがある。これは、搭載したセンサーや衛星測位システムのGNSSアンテナにより建機本体の位置や作業機の刃先の位置を正確に把握し、施工現場の作業進捗を計測・認識しながら走行・作業を半自動制御できる（**写真6-1**）。

　建機産業を自動車産業と比較すると、台数規模で300分の1、金額規模で14分の1と小さいが、製品のライフサイクルでみると、自動車が2,500時間であるのに対し、建機は1万2,000時間と5倍になっている。そのため、建機1台当たりのライフサイクルコスト（部品交換費用を含む）は、自動車に比べ非常に高く、2,000万円とも言われている。このことから、建機のビジネスモデルは、まず自社で建機を製造し、販売代理店等を通じて販売やレンタルを行い、その後の修理や整備・点検、部品販売、中古車買取・販売を行うことで継続的に収益を上げる「リカーリングビジネス」であると言われている。

　コマツはこのリカーリングビジネスをさらに発展させるために、かねてより高品質・高付加価値を追求した「ダントツ商品」の開発、IoTやAIを活用し建機の稼働状況を見える化した「ダントツサービス」の提供、顧客の施工現場やオペレーションにおける価値創造をサポートする「ダントツソリューション」の提供に注力してきた。

【写真 6 - 1　レトロフィットキットにより ICT 機能が付加された建機】

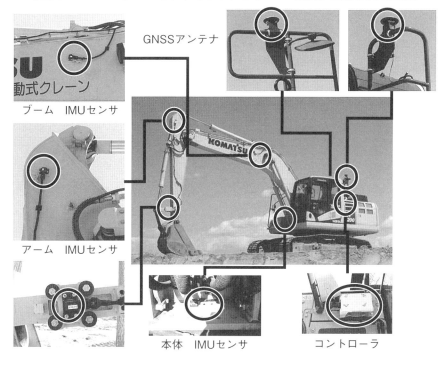

写真：コマツ提供

◈ Komtrax の開発

　ダントツサービスにおいては、稼働状況の見える化として、1990年代後半に通信衛星を使い、建機の稼働状況を把握・管理する「Komtrax」の開発に成功した。Komtrax は、建機に GPS と通信衛星によるデータ通信機能を搭載したシステムである。建機の位置情報や稼働状況、燃料の残量等の情報をコマツのデータセンターに送信し、インターネットを介してコマツと代理店、顧客に情報共有する仕組みである。建機の稼働状況がインターネットを通じて把握できるようになれば顧客にとって何らかメリットになるのではと社内で声が挙がったことがきっかけであり、結果として Komtrax 開発により、当時多発していた建機の盗難の抑止力にもなった。建機が施工現場等から一定距離以上移動すると、位置情報が把握でき、必要に

応じてサーバーからの命令によりエンジン停止できる。

　Komtrax は、当初はオプション装備であったが、後に競合に先駆けて標準装備としたことで、同社のサービス拡大につながった。すなわち、代理店が建機の稼働状況や燃料残量を把握できるようになったことで、顧客に対して稼働率向上や故障の未然防止等に向けた部品の修理・交換などのより適切な提案が可能となったのである。

◉ スマートコンストラクション

　Komtrax や ICT 建機の開発により、コマツは着実に成長を遂げてきた。しかし、これまでの同社の製品とサービスは一部の施工プロセス、例えば盛土や法面（のりめん）における建機の稼働率向上にはつながっても、建設現場の施工プロセス全体の最適化にはつながっていないことに気が付いた。また、建機の市場となる建設産業は慢性的な労働力不足のため、数年以内に建設技能労働者がおよそ120万人も不足すると言われている。

　そこで、人手不足を解消しつつ建設現場の安全性と生産性を高めるために、2015年から始められた取り組みが「スマートコンストラクション」である。これは、IoT 等デジタル技術を活用し、人と現場と建機のデータをつなぎ、施工プロセス全体の見える化と最適化により、安全かつ生産性の高いスマートなソリューション提供を図ったものである（**写真6‐2**）。

　写真6‐2より、まず施工プロセス全体の流れについてみると、調査・測量→施工計画→施工・施工管理→検査の順となっている。いずれの工程も従来は多くの人手がかかる作業が中心であったが、まず各々の工程をデジタル化（縦のデジタル化）を実現した。

　例えば、調査・測量段階では、地形測量用のドローンを用いて現場を測量し、現況の３Ｄ地形データを作成する。施工計画段階では、３Ｄ地形データと３Ｄ完成図面データをもとにスマートコンストラクションのアプリ等によりデータの重ね合わせを行い、その差分を把握することで正確な範囲と土量を算出し、最適な施工計画を作成する。

　施工段階では、半自動操縦の ICT 建機を用いて施工を行い、３Ｄ設計データをもとにマシンコントロールしながら施工することで、丁張り（工事に着手する前に、施工範囲の正確な位置を出す作業）を不要にしている。施工管理段階では、

第6章

【写真6‐2　スマートコンストラクション】

| | 調査・測量 | 施工計画 | 施工・施工管理 | 検査 |

従来施工

プロセスごとの縦のデジタル化

| ドローンによる3D測量 | 3D施工計画・シミュレーション | ICT建機とアプリで3D施工・施工管理 | ドローンによる3D出来形検査 |

建設生産プロセスの最初から最後までをつなぐ横のデジタル化

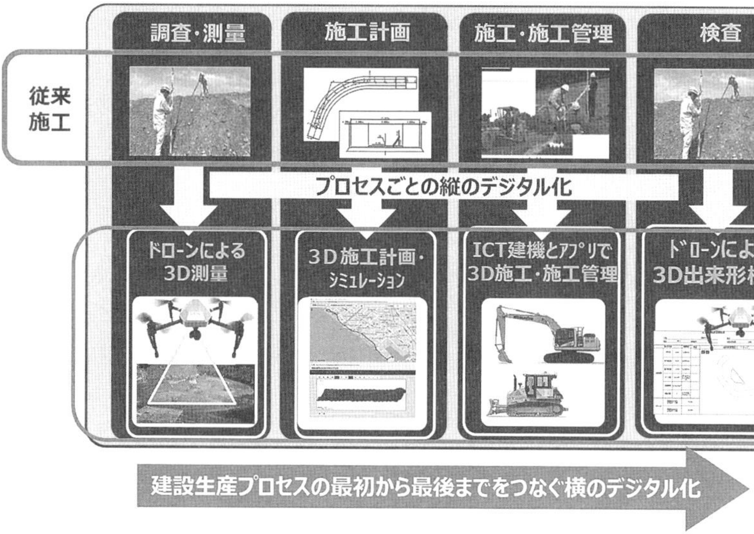

写真：コマツ提供

　日々施工が終了した地形をドローンで測量し、スマートコンストラクションのアプリ等を活用して建機の稼働状況や作業量、施工計画と実際の作業との差分を正確に把握し、施工現場管理を支援する。検査段階では、ドローンによる3Dの出来形検査や、必要な提出書類のためのデータ算出など情報の送信・共有を図る。

　そして、縦のデジタル化が進むと、今度は各々の工程をデジタルでつなぐことにより、機械や材料の手配等も含めた施工プロセス全体の見える化や最適化が進んだ（横のデジタル化）。こうした一連の取り組みにより、工事トラブルの未然防止や綿密な進捗管理を行うことが可能となり、現場の生産性向上と工期短縮につながる。

　具体的には、以下のようなソリューションが施工現場に提供されるようになった。例えば、ドローンによる現場測量により、人手ではこれまで数日間かけて測量していた範囲がわずか20分程度で数cm単位の精度の3Dデータが得られるようになった。また、ICT建機の導入により、熟練作業者でなくても、ミリ単位の精度でスピーディに施工することが可能となった。その結果、工期が3分の1、生産性が3倍になったという施工現場もある。

◉ DX 変革

　今後のコマツのDX変革の方向性は**図6-1**の通りである。同社が顧客に提供しようとしているソリューション（価値）は「安全で生産性の高い、スマートでクリーンな未来の現場を実現する」ことである。これを実現するためには、自社だけでなく、顧客の施工プロセス全体をDX変革していく必要がある。そのためには、建機（モノ）の自動化・自律化だけでなく、施工プロセス（コト）の最適化をしていくことが求められている。

　まず、横軸のモノに関しては、建機の運転支援を限定する段階のレベル1から高度化判断自律可能な段階であるレベル5まである。安全で生産性の高い施工現場にするためには、建機同士が協調的・自律的に稼働することが必要であるため、5G（第五世代移動通信システム）の導入や、高精度なGNSSの活用などにより、その実現を目指している。

第6章

【図6-1　コマツのDX変革】

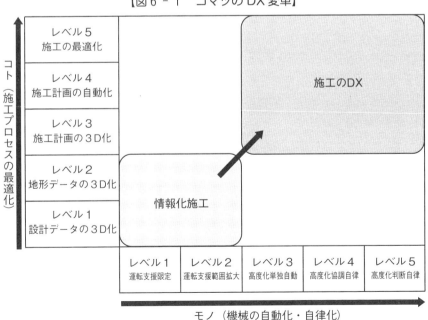

出所：四家（2021）、図7をもとに著者作成。

　縦軸のコトに関しては、設計データの３D化段階のレベル１から施工の最適化段階のレベル５まである。施工プロセスの最適化のためには、ドローンによる現況測量など、プロセスごとのデジタル化と、それによって得られる現場の３Dデータをつなぎ、施工プロセス全体に展開して自動化・最適化を実現することを目指している。

　こうした DX 変革推進のため、同社ではオープン・プラットフォーム戦略をとっている。調査・測量、設計、施工、維持・管理といったすべてのプロセスについて、コマツがドローンや建機のカメラやセンサーで収集したデータをプラットフォーム上に集約し、AI 等を用いて解析し、施工ソリューションに必要とされる３D地形データ、機械費や労務費、材料費に関するデータ作成のために必要な情報を、外部に公開している。

　なぜせっかく苦労して収集したデータを外部に公開するのかというと、施工プロセスすべてに関わるアプリ開発やデバイス開発の技術をコマツ単独で短期間に獲得するのは困難だからである。自前主義にこだわらず、API（アプリケーションの開発を容易にするためのソフトウェア）を他社に開放することで様々なハードやソフトのメーカーとのオープン・イノベーションを可能なものとしている。例えば、ドローンにより撮影・加工した３Dの地形データは、米シリコンバレーのパートナー企業のデータを用いている。このように、オープン・イノベーションを推進することで、プラットフォームを進化させ、利用者を増やすことが可能となる。

　その一例が2020年に発売開始した「スマートコンストラクション・レトロフィットキット」である（写真６−１）。これは、ICT 機能を持たない従来型の建機に ICT 機能を追加するキットのことである。具体的には、車体の姿勢角を検出する IMU センサーや建機の位置情報を取得する GNSS アンテナ、デバイスを制御するコントローラーなどを取り付けることで、３D設計データによる高精度な３D施工のマシンガイダンスや、施工実績のリアルタイムな把握が可能となる。加えて、丁張り作業や補助作業要員が不要となり、安全性と生産性が向上した。

　これまでにもこうした後付けキットはすでに市場に販売されていたが、価格が1,000万円程度と高額なため、普及が進まなかった。これに対して、同製品は70万円で入手可能で、なおかつコマツ以外の他社製の建機にも取り付け可能である。同キットの普及により、日本市場の油圧ショベル導入数のうち２％未満の ICT 建機の比率を高めようとしている。これは、いわば建設産業全体の DX 変革を推進するプラットフォーム戦略であると言える。

3 スマート製品を中心に据えたデジタル経営戦略

デジタル経営戦略

第1章のデジタル経営学の定義に従えば、デジタル経営戦略とは「進化したICTを活用して、良いことを、上手に実現するための戦略」のことである。この戦略を考えるにあたっては、M.ポーターらのIoT時代の競争戦略の議論が参考になる。これまで企業は、顧客に関するデータをアンケート調査や営業活動、カスタマーセンター、外部の情報源などから得ていた。そこに、スマート製品が登場すると、その製品を通じて顧客に関する膨大なリアルタイムの使用データを収集できるようになった。そうして得られたビッグデータは、サービスの履歴情報や在庫等サプライチェーンのデータ等と結びつくと、飛躍的にその価値が高まると言われている。つまり、スマート製品を経営戦略の中心に据えることで、ビジネスの可能性が大きく広がると考えられる。

第6章

スマート製品の構成要素

スマート製品は、物理的要素、スマートな構成要素、接続要素の3つからなる。物理的要素は、機械部品と電気部品からなる。スマートな要素とは、センサー、マイクロプロセッサー（コンピュータの演算・制御機能を搭載した半導体チップ）、データストレージ、制御装置、ソフトウェア、組込みOS（製品に組み込まれるシステムを制御するためのオペレーティング・システム）、ユーザーインターフェース（製品やシステムと利用者の間で情報をやり取りする仕組み）などのことである。接続要素とは製品を有線もしくは無線通信を介してインターネットに接続するためのポート、アンテナ、プロトコル（コンピュータ同士を通信する際の規格）からなる。

◈ スマート製品の機能

　スマート製品は、①モニタリング、②制御、③最適化、④自律化の４つの機能を持つとされる。まず、①モニタリング機能は、自らの位置や状態、利用状況、外部環境などのデータをセンサーにより計測し、計測データをクラウドなどのデータレイクに蓄積する。次に、②制御機能は、製品機器やクラウド上の遠隔コマンド等を通じて制御する。状況や環境がある条件を満たすと、それに対応した働きをするよう製品に指示を出す。

　そして、③最適化機能は、スマート製品がモニタリングして収集したビッグデータに対して制御機能を組み合わせて、様々な製品性能やサービスの最適化を図る。例えば、AI などの解析ツールにより、製品の状態・環境・運用状況を把握し（記述）、性能低下や故障の原因を探り（診断）、近々起きそうな故障の原因を探り（予測）、成果向上や問題解決の方策を導き出す（処方）。これによって、製品の稼働率や生産性を向上させたり、故障を未然に防止したり、部品の交換時期を知らせたりする。

　モニタリング、制御、最適化の３つの機能が互いに結び付くようになると、スマート製品に自律性が備わってくるようになる。これが④自律化機能である。例えば、環境と製品の状態を把握し、故障していれば、修理内容を自己診断し、顧客の好みに応じた対応をするようになる。自律性の高いスマート製品は、他のスマート製品やシステムとも接続・連携しながら、スマート・システムを構築し、顧客に最適なソリューションを導き出すようになる。

◈ 建機のスマート製品化

　コマツに当てはめて考えてみると、建機に Komtrax や ICT 機能を搭載することによって、建機がスマート製品化する。すなわち、Komtrax を全機種へ標準搭載していることにより、建機の位置情報や稼働状況を把握することができ、稼働時間をもとに最適なメンテナンス計画や部品の交換提案に役立てられる。また、ICT 建機においては、搭載されたカメラやセンサー、アンテナにより、車体の姿勢角を検出し、建機の作業情報を取得して得られた情報をクラウド等に蓄積し、建機の作業を見える化することで、現場全体にとって最適なソリューションを提供している。

Column 6 - 1

IoT

　IoT とは、「Internet of Things」の略称で、「モノのインターネット」と訳される。IoT は、あらゆるモノがインターネットにアクセス可能になる状態のことを意味する。インターネットの進化に加え、スマートフォンなどに代表されるスマート製品も進化することで、IoT の世界が広がっている。

　本文でも述べたが、スマート製品は、①モニタリング、②制御、③最適化、④自律化の４つの機能を持つとされている。すなわち、①センサーで自製品や外部環境を計測。②遠隔コマンド等を通じて製品を制御。③計測したビッグデータを解析して製品性能やサービスの最適化。④自己診断や顧客の好みに応じた自律的対応を図る。これらの機能を持った製品がインターネットにつながることで、製品の性能や信頼性、稼働率や処理速度の向上などが期待できる。

　以上のスマート製品の特徴からして、IoT の本質は「モノのインターネット」ではなく、「モノから情報を取ること」、つまり「Information from Things（IfT）」ではないかとの指摘もある。スマート製品のセンサーを通じて様々なデータ（情報）を吸い上げ、製品やサービスの最適化を図るのである。

　ただし、企業側はやみくもにスマート製品を開発し、IoT によりインターネットに接続すればよいというわけではない。なぜなら、特定の製品だけ最適化しても、個別最適化にはなっても、全体最適につながっていない可能性があるからである。本文でも述べたように、あくまでも顧客の価値創造という視点が重要である。顧客にとって何が望ましい価値なのかを突き止めたうえで、逆算でその創造プロセスを支援するためのスマート製品開発と IoT、ソリューションが求められている。もしそれらを実現できたならば、企業はコマツのように、新たなビジネスモデルやプラットフォームの構築が可能になると考えられる。

第6章

4 デジタル経営のプロセス

◈ B2B ビジネスにおける顧客の価値創造プロセス

　以上みてきたコマツの取り組みを参考に、顧客の価値創造の観点からデジタル経営のプロセスについて考えてみよう（図6−2）。ここで想定するビジネスは、コマツのように顧客が企業である B2B ビジネス（企業間ビジネス）と、顧客が消費者である B2C ビジネス（企業・消費者間ビジネス）の2つである。

　まず、B2B ビジネスの価値創造プロセスの場合、顧客企業が自らの事業に関する企画を立て、製品・サービスを設計し、部品・原材料の調達・準備を行い、生産し検査を行い、販売しアフターサービスを展開するという流れとなる。

　コマツに当てはめて考えると、顧客の価値創造プロセスは建設会社の企画設計・生産・販売プロセスに該当する。すなわち、建設会社は事業立案を行い（企画）、現地調査・測量、構造計算・解析、概算コストなどを算出する（設計）。次に、建機の調達、現況測量、細部設計、施工計画などを行う（調達・準備）。施工段階では掘削→積込→運土→盛土→転圧→法面→舗装といった一連の施工プロセスを実施する（生産）。施工後は、完成検査、施工実績、納品図書作成などを行う（検査）。検査後は、施工した施設等の引き渡し、補修、施設更新などを行う（販売・アフターサービス）。このように、一連のプロセスをすべてこなすことで建設会社は価値創造を行っている。

◈ B2C ビジネスにおける顧客の価値創造プロセス

　一方、B2C ビジネスの価値創造プロセスの場合、消費者が製品・サービスの購入計画を立て、どのように使うか設計し、必要なものを調達して生産（または消費）し、生産（消費）後に確認し、必要があれば、アフターサービスを受けるといった流れである。例えば、4人家族で夕食の時間をみんなで楽しむ、という価値創造を考えてみよう。まず、献立を考える（企画）。次に、献立に必要な食材や調味料、調理器具、料理のレシピを考える（設計）。そして、スーパーマーケットへ

【図6-2　顧客の価値創造からみたデジタル経営のプロセス】

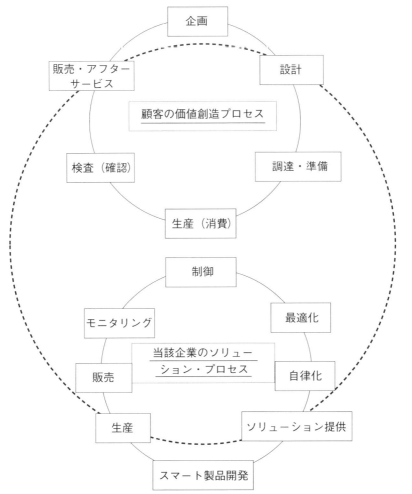

出所：ポーター＆ヘプルマン（2015）を参考に著者作成。

行き、食材等を調達する（調達・準備）。その後、調理を行い、家族で食べる（生産・消費）。この時、料理が美味しく、会話がはずめば、今日は家族団らんの時間を楽しく過ごせたなということになり、顧客満足につながる（確認）。このように、一連のプロセスをこなすことで、この4人家族は価値創造を行っている。

◈ 企業のソリューション・プロセス

　こうした顧客の価値創造の流れに対して、ソリューションを提供する当該企業の
デジタル経営のプロセスは、次のようになる。すなわち、スマート製品を開発し、
生産・販売した後、スマート製品を通じてモニタリング、データ収集してクラウド
に上げる。AI等解析ツールを用いて解析・最適化を図り、自律化して他のスマー
ト製品やシステムと協調し、最適なソリューションを提供する、といった流れである。
　このフレームワークのポイントは、顧客の価値創造プロセスと当該企業のソ
リューション・プロセスが重なり合う円（点線）の部分である。すなわち、当該企
業と顧客のタッチポイントに関わるプロセスである。当該企業は販売活動やスマー
ト製品の提供を通じて、顧客の価値創造プロセスと接点を持つ。よって、この接点
を大切にし、顧客の価値創造を意識しながらソリューションを提供する必要がある。
　B2Bビジネスにおけるソリューションの場合、またコマツを例にとって考えて
みよう。まず、ICT建機などのスマート製品を開発・生産し、販売代理店等を通じ
て販売する。ICT建機を顧客に購入、もしくはレンタルしてもらうことで、モニタ
リングが可能となり、様々なデータを収集し、クラウドに蓄積し、AI等により解
析・最適化を行う。そして、将来的には建機同士の協調や自律化を通じてより高度
なソリューションの提供を目指している。この時、建設会社の価値創造プロセスの
多くの部分を支援することが可能になると考えられる。
　B2Cビジネスにおけるソリューションの場合、地域住民に対するスーパーマー
ケットのソリューション・プロセスを考えてみよう。まず、スマートアプリを開発
し、顧客にインストールしてもらうことで、顧客との接点ができる。アプリを通じ
てプロモーション情報を流すことで、店舗に誘導する。店舗では、タブレット付き
のスマートショッピングカートを使って買い物をしてもらうことで、店舗内でのモ
ニタリングが可能となる。そこから様々なデータを収集し、クラウドに蓄積し、AI
等により解析・最適化を行い、ソリューション提案する。例えば、野菜や肉を購入
すると、それを使ったメニューや調味料をタブレットで紹介するといった具合であ
る。このような取り組みにより、スーパーマーケットは顧客の価値創造を支援して
いると考えられる。
　以上のように、デジタル経営戦略では顧客の価値創造プロセスの大部分を見える
化・最適化することで真のソリューション提供が可能となる。よって、デジタル経

Column 6 - 2

価値共創

　価値共創とは、企業と顧客が共同で価値を創り出すことを意味する。これは、マーケティング研究やサービス研究において、これまで1つの潮流を生み出してきた「サービス・ドミナント・ロジック（SDL）」の中核概念である。SDL は従来のモノ中心の世界観である「グッズ・ドミナント・ロジック（GDL）」に対して、サービス中心の世界観であるとされる。GDL では、価値を生み出す主体は企業である。顧客は企業が生み出した価値を消費すると考えられている。よって、企業が生み出した製品やサービスが市場取引を通じて実現する「交換価値」が重視される。

　一方、SDL では価値を生み出すのは企業と顧客の双方である。そして、両者が相互作用しながら価値を創造する。これが価値共創であると考えられている。よって、製品やサービスの購入時に限らず、その前後に企業と顧客のやりとりで実現する「使用価値」や「文脈価値」が重視される。

　例えば、Apple の iPhone の価値は購入しただけではよくわからない。アプリをダウンロードしたり、SNS を使ったり、音楽を聴いたり、写真を撮ったり、顧客が使ってみてはじめて「楽しい」「面白い」「便利」といった価値を実感できる。この時、Apple は顧客に対して、様々な仕掛けを通じて顧客とやりとりしている。2015年に開始された Apple Music というサービスは、サブスクリプションサービスで月額980円で7,000万曲もの曲を楽しむことができる。いわば「巨大な CD レンタルショップを持ち運ぶ」ことが可能である。

　2018年に開始された HomePod は、音声対応の AI を備えたスピーカー（スマート製品）である。これは iPhone や iPad などと接続して用いられる。圧倒的な音質に加え、自動音量調整や他の機器と連携し音声による操作が可能である。これにより、顧客は毎日家庭でも音楽を楽しむことが可能である。このように、アップルは顧客と常にやりとりしながらともに価値を創出している。

第6章

営のプロセスとは、すなわち、「顧客の価値創造プロセスの支援」であると考えることができよう。

5 おわりに

　本章では、DX変革において先進的な取り組みをしているコマツを取り上げた。同社は、KomtraxやICT建機の開発に加え、近年ではスマートコンストラクションの推進により、IoT等デジタル技術を活用し、施工プロセス全体の見える化と最適化を図っていることが明らかとなった。KomtraxやICT機能を搭載した建機はスマート製品に該当し、それを用いることで、ビッグデータを収集、クラウド等に蓄積し、最適なソリューションの提供を図っていること、そうした一連の取り組みはすべて顧客の価値創造プロセスを支援するという観点から設計されたものであることなどを学んだ。

　顧客の価値創造という視点に立った場合、企業側にとってみれば、スマート製品を通じて顧客と接するタッチポイントを大切にし、いかに情報を収集し、ソリューションを最適化し、顧客満足の向上に結び付けていくかが重要となると考えられる。こうした顧客の価値創造を起点にしたデジタル経営の戦略とプロセスは、今後様々な産業・企業に広がっていくことが期待される。

❓ 考えてみよう

① 　コマツ以外の企業で、スマート製品を提供していると思われる事例を挙げて、どのような製品とサービスの内容であるか、考えてみよう。

② 　①で挙げたスマート製品が持つ役割や企業と顧客の接点（タッチポイント）としてどのようなものがあるか、考えてみよう。

③ 　顧客の価値創造の視点からデジタル経営のプロセスについて考えることはなぜ重要であるのか、考えてみよう。

主要参考文献

倉重光宏、平野真監修、長内厚、榊原清則編著『アフターマーケット戦略―コモディティ化を防ぐコマツのソリューション・ビジネス』白桃書房、2012年。

四家千佳史「スマートコンストラクションで実現する建設産業のDX」大前研一編著『DX革命』プレジデント社、2021年。

高梨千賀子「モノづくり企業のプラットフォーム構築とその要件―CPSとサービ

ス化の視点から—」『研究　技術　計画』32(3)、316-333、2017年。

西川英彦、澁谷覚編著『1からのデジタル・マーケティング』碩学舎、2019年。

藤川佳則、阿久津聡、小野譲司「文脈視点による価値共創経営：事後創発的ダイナ
　ミックプロセスモデルの構築に向けて」『組織科学』46(2)、38-52、2012年。

藤本隆宏『現場から見上げる企業戦略論』角川新書、2017年。

マイケル・E・ポーター、ジェームス・E・ヘプルマン（有賀裕子訳）「IoT時代
　の競争戦略」『DIAMONDハーバード・ビジネス・レビュー』40(4)、38-69、
　2015年。

Vargo, Stephen and Robert Lusch. "Evolving to a new dominant logic for
　marketing," *Journal of Marketing*, 68(1), 1-17. 2004.

次に読んで欲しい本

第6章

☆IoT・DX変革のフレームワークについて、詳しく学ぶには…。

　DIAMONDハーバード・ビジネス・レビュー編集部編訳『IoTの衝撃』ダイヤ
　モンド社、2016年。

☆顧客の価値創造プロセスについて詳しく学ぶには

　南知恵子、西岡健一『サービス・イノベーション—価値共創と新技術導入』有斐
　閣、2014年。

第 **7** 章

「神の手」のDX変革

：ワコール

第1章
第2章
第3章
第4章
第5章
第6章
第7章
第8章
第9章
第10章
第11章
第12章
第13章
第14章
第15章

1　はじめに

　じぶんの「からだ」のことを、どれくらいわかっているだろうか？　少なくとも健康診断やお風呂上がりの体重計に乗る行動などを通じて、身長・体重・体脂肪率などは把握しているひとは多い。自分の服のサイズは、おおよそＬサイズだというイメージを持つこともあるだろう。ただし、それだけで、自分に本当にぴったり・しっくり・とてもよいね、と思えるような衣服に出会うことは容易ではない。普段は人目から見えないが、自分のからだに長時間もっとも密着する下着選びは、思いのほか難しい。実際、女性の約７割が、フィットしていない下着（ブラジャー）をつけているともいわれるくらいだ。しかも、「からだ」にフィットすればよいという簡単な問題でもない。同時に、その下着が「かわいい」「とてもよいね」というように「こころ」も踊らせ動かすものでなければならない。

　この難問に、これまで蓄積されてきた人の手による卓越した接客技術・ノウハウや50年以上におよぶ女性のからだの計測データ、デジタル技術を駆使してより進化した解決策を提供している企業が、株式会社ワコールである。本章では、顧客1人ひとりの好みにあわせた対応が高い価値を生む下着における革新的な取り組みから、デジタル技術を活用した暗黙知の見える化とバリューチェーンの進化について学ぼう。

2　事例：ワコール

◈　ワコールの概要

　ワコールは京都市に本社をおき、女性用インナーウェアを中心にグローバルに事業展開している。1949年に創業者の塚本幸一が和江商事株式会社を創立し「ブラパット」の取り扱いを開始して以降、高度成長期や女性の社会進出など時代の流れを敏感に察知し、「世の女性に美しくなってもらうことによって広く社会に寄与する」という経営理念のもと、「愛される商品を作ります」「時代の要求する新製品を

開発します」を経営の基本方針とし、独自のブランドを確立してきた。創業から約70年にわたり、店舗を軸に接客をして顧客の信頼を獲得し、着実に事業を拡大して業績を伸ばしてきた。この発展を支えてきたビューティーアドバイザー（以下、BA）の技術を「神の手」と呼び大切にしてきた。

　しかし近年、EC（電子商取引）の台頭などから既存の店舗のあり方が顧客の価値観と乖離していることに危機感をおぼえ、「店舗の革新」に取り組んだ（**Column 7-1**）。それがデジタル計測・接客サービスである「3D smart & try」である（**写真7-1**）。このサービスを導入した店舗を東急プラザ表参道原宿に2019年5月にオープンして以降、17店舗まで増えている（2021年7月現在）。

【写真7-1　Wacoal 3D smart & try】

写真：ワコール提供

自分らしく美しくなるための購買体験の創出

　既存の実店舗における基本的な下着購買フローは、「①来店→②BAによる採寸→③計測結果にもとづくBAによるお悩み相談・商品提案→④商品の中から自分好みの下着を選択・試着→⑤購入」である。このフローにおいて、「採寸・試着は面倒だからしない」「女性どうしであっても、販売員から下着を購入することに抵抗

がある」「自分のサイズに合った最適な商品を選びたいが、計測してもらうのは恥ずかしい」などといった声が、幅広い年代からあがっていた。毎日長時間にわたり身に着ける下着において最も重要な点は「自分のからだに合っている」ことだ。そのためには、商品の情報以上に、自分のからだのことをより深く理解してもらうことが必要である。「からだ」への理解が不十分なままに商品を合わせようとすれば、そこにミスマッチが発生しがちである。このような実店舗の購買フローにおける「ストレス」が、店舗への顧客の出足を遠のかせたり、定期的な計測をせずに「合わない」下着をつけ続けることにつながっていた。そこで、顧客の望むスタイルとペースで、ストレスなく気軽に下着選びを楽しんでもらい、最適なものに出会ってもらえるような店舗を実現すべく、デジタル技術を活用した新たな接客サービス「3D smart & try」が開発・導入された。

　この「3D smart & try」は、従来の下着の購買フローにおける顧客のストレスをデジタル技術により解決し、新たな購買体験を提供している（**図7−1**）。このサービスは、①ワコール独自の3D計測サービスと、②接客AI（人工知能）から構成され、顧客はいずれも自ら操作できる。顧客は、自らサイズ計測、試着、商品の検索、購買が可能となり、さらに最新のデジタル技術を活用したワコール独自のカ

【図7−1　1人ひとりに寄り添う購買体験の提供】

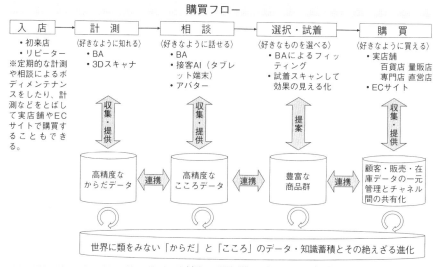

出所：著者作成。

ウンセリングも受けられる。購入チャネルは、多様な実店舗や EC サイトのどこで
も顧客が好きなように選択できる。

　まず、ワコール独自の3D 計測サービスでは、5秒間で約150万点の点群を計測
する。単に周径等の点と点との間の距離だけでなく、ワコール独自のノウハウを用
いて、体積（バストのボリューム）を計測して、バストサイズや胴の形状など体型
の特徴も判定する。このように、「からだ」の状態を迅速かつ正確に測定できるこ
とが、ぴったりと合う下着選びや提案の精度向上に寄与している。計測したデータ
は、店内のタブレットで見える化することにより、体型分析や過去のデータと比較
するなど、楽しみながらボディケアに活用してもらえる。選んだ下着を着用して再
度スキャンすることにより、下着の効果の見える化を行うことができたり、定期的
に計測することで自分のからだの変化を把握・比較することもできる。従来の店舗
では、商品を売り場の中心に据え「下着を探す場」となっていたのに対し、「3D
smart & try」を導入している店舗では、ソファやタブレットを中心に据え「お客
様ご自身のからだを知っていただく場」に変えている。

　つぎに、接客の場面では、ワコールが独自に培ってきた接客ノウハウを IBM 社
の AI に学習させた「接客 AI」が用いられる。店内のタブレットで、顧客のお悩み
や下着選びで重視する点、好みのデザインや素材、シルエットを選択すると、計測
したサイズや体型のデータと合わせて、おすすめの下着が提案される。計測データ
をもとにした体型の特徴やおすすめの下着のサイズなどの計測結果は、その場で印
刷して持ち帰ることができる。また、お気に入りの商品があればその商品情報を印
刷して持ち帰り、記載の QR コードを自分の好きなタイミングで読み込み、スマー
トフォンなどを用いて EC サイトから購入できる。豊かな知識を持つ BA による対
面のカウンセリングにより、3D ボディスキャナーで計測したデータをもとに、個
別のお悩みや要望に応じた商品提案と購入も可能である。

　さらに、2020年10月から、「接客 AI」に加えて「アバター」を活用した非対面
型の接客システム「Ava.COUNSELING パルレ」を提供開始した。「相手が女性
であっても自分のからだに関することは対面では言いにくい」「ちょっと恥ずかし
い。でも本当は相談したい」といった気持ちから、よりストレスフリーに高い知識
と技術を備える BA に相談できる環境づくりをねらったものである。このシステム
では、遠隔で対応を行う BA の表情や動きを読み取った「アバター」が、リアルタ
イムで顧客の下着選びに関するカウンセリングを実施する。ブラジャーだけでなく、
他のインナー選びやそれぞれの顧客の悩みにも柔軟に対応できる。顧客はアバター

Column 7 - 1

オムニチャネル

　商品を購入する際に、実店舗だけでなく、EC サイトを利用することもあるだろう。購入のきっかけも、ウェブ広告やスマホに送られてくる DM や企業アプリに出てくるクーポンなどがあるかもしれない。ウェブサイトで広く商品を検索して情報収集・比較検討し、実店舗に行き商品を手にとり確認して、最も安い EC サイトから購入したことがある人もいるだろう。このような、購買行動の多様化、多チャネル化をうまくとらえて、よりよい顧客体験を提供していくことが、実店舗や EC サイトなどを有する企業にとって重要な課題となっている。デジタル機器や情報通信技術の発達により、2010年頃から実店舗と EC サイトが境い目なくつながり、消費者が好きな時と場所と方法で商品を購入し受け取ることができるという「オムニチャネル化」が進んだ。オムニチャネル化をうまくとらえて、購買経験の向上を図り自社の競争優位につなげていくためには、魅力的な商品やサービスの提供のみならず、顧客購買情報や在庫情報などが個々のチャネルに分散して個別に収集・管理されるのではなく、それらをよどみなく連携させるための仕組みづくりが不可欠となる。さらに、顧客が好きな時に好きな場所で商品を入手できるようにするために、柔軟かつ迅速な物流の体制を備えておくことも必要である。

　本章で取り上げたワコールは、多様化する顧客の購買行動に柔軟かつ迅速に対応するために、店舗における顧客サービスをデジタル技術で革新させ、店舗と EC の連携を図ることで、1 人ひとりの顧客と「より深く、広く、長く」つながる環境をつくりあげる独自の「ワコール版オムニチャネル戦略」を推進し、2021年には「CX（顧客経験）戦略」として進化させている。

を介して BA と対話できるため、人の目を気にすることなく気軽に要望や体型に合う下着を探せる。BA にとっては、顧客の本音を引き出しやすくなる利点もあり、3D 計測データを遠隔で確認しながら顧客に最適な下着を提案できる（Column 7 - 2）。

　以上のように、ワコールは、デジタル技術の活用により、購買体験の流れにおける「ストレス」の徹底削減とミスマッチ問題の最小化、1 人ひとりにとって時と場合に応じた「最適な」商品提案と買い方（ベストマッチ）を可能にした。それにより、1 人ひとりの顧客の「からだ」と「こころ」にぴったりと寄り添い、日々の美

```
Column 7 - 2
```

働き方改革

　2020年から始まったコロナ禍への対応として、リモートワークや時差出勤、ウェブ会議などが増えたことで、従来のような「定時に職場に出向いて対面でのリアルなやり取りを行う」という働き方に急速な変化が起きていることは、みなさんご存じだろう。このような多様な働き方を目指す取り組みは、コロナ禍以前から「働き方改革」と称して進められてきた。有田賢太郎らによれば、働き方改革関連法立法に向けた産官や労使での議論の高まりや、過労死や格差問題への社会的関心の高まり、労働需給のひっ迫（人手不足）などが要因となり、「働き方改革」は2016年以降急速に浸透した。内閣府によれば、働き方改革のなかでも、長時間労働の是正や同一労働同一賃金など非正規労働の処遇改善、多様で柔軟な働き方がしやすい環境の整備、女性・若者・高齢者を含めた人材活用や就業促進といった取組みは、働く人のやる気や能力を高めたり企業の設備投資を促すことで業務の効率化が進んで労働生産性を向上させたり、多様な人材の労働参加を促進するといった企業活動面の利点がある。さらに、所得の底上げにより貧困率などの改善や消費の下支え、家事代替や余暇時間の増加による娯楽などの消費活動が促進されるといった国民生活面の利点もある。

　本章で取り上げたワコールは、女性の従業員比率が約9割であり、育児・介護や転居など、様々なライフイベントのなかでも、望むペースで柔軟に働くことのできる環境づくりを進めてきた。アバターサービスは、働き方改革の流れに乗りつつ、コロナ禍においても BA が自分のペースで在宅にて接客するという新しい働き方を可能にするものである。ワコールは、デジタル技術を活用し、貴重な資産である BA の働き方やカウンセリングの可能性を広げることにより、働き方の多様化と顧客価値の増大の2つを同時に実現している。

第 7 章

しさを創り出すことに、より一層貢献している。

◎ 新たな購買体験創出の効果とさらなる成長へ向けて

　2019年5月に開始した「3D smart & try」の2021年3月末までの累計利用者数は約5万2,000人であり、そのうち2020年4月から2021年3月までの1年間における利用者は約3万8,000人、購買率は30％、平均単価は1万8,600円で

あった。これらの成果は、コロナ禍における「非接触」という社会ニーズに適合したこともあるが、「自分のからだをデジタル技術により正確に知ること」や「自分の気持ちにもぴったりと寄り添ってくれる下着を購入すること」に、多くの人が価値を認めていることを示唆する。

　この新しい接客サービスを通じて、ワコールは、顧客の詳細な「からだ」と「こころ」の膨大なデータを急速に蓄積し始めている。このデータは、世の女性がどのようなお悩みを抱え、どのような生活を送りたいと願っているのかを示すものである。思い通りの下着に出会ってもらえるために、自社でこれらのデータを活用するのはもちろんのこと、会社の枠を超えて女性のからだやこころを支える新たな価値を生み出すための情報・知識基盤を提供する企業にもなりうる。すでに、百貨店や商業施設との協業もはじまっている。ワコールは、デジタル技術を活用した新たなサービスの開発・提供をはじめとして、世界屈指の女性のからだとこころのデータを蓄積・活用していくことで、1人ひとりの顧客の「からだ」と「こころ」に、より「深く、広く、長く」寄り添い続ける企業へと進化を続けている。

3 暗黙知の見える化

◈「神の手」のデジタル化

　前節でみた購買体験の革新におけるカギは、従来は「人の手」による「からだ」の計測および「こころ」に寄り添う接客を、「デジタル」技術を活用して進化させたことである。ワコールには「神の手」という言葉がある。これは創業以来、和装文化から洋装文化への変化という国内の下着文化を創っていく中で、ワコールのBAたちが行ってきた接客、計測、試着、話す言葉といったすべてに対して、尊敬の念を込めて社内および顧客からも語られているものである。

　このように「神の手」と聞くと、顧客のからだとこころを把握する超絶技巧で、熟練・ノウハウのように当人にしかわからない「からだ」で覚えるしかない「暗黙知」という言葉が思い浮かぶだろう。これに対し、マニュアルやデジタル化と聞くと「形式知」という言葉が思い浮かぶ人もいるだろう。

　ワコールの「暗黙知」には以下のものがある。①国内約3,500名のBAが有する

からだの採寸・計測ノウハウ（熟練した計測により形式知化される「からだデータ」）、② BA による接客ノウハウ、お客様のこころの把握ノウハウ（BA が顧客との対話の中から嗜好性やニーズを引き出し、反応を見て、短サイクルに修正・改善）、③開発・設計・生産・販売などの「現場におけるノウハウ」と、暗黙知や形式知を活用して商品やサービスにつなげていくための仕事の進め方、である。

　ワコールの「形式知」には以下のものがある。①50年以上にわたりワコール人間科学研究所で蓄積されてきた「からだ」の世界に類を見ないデータ（約４万5,000人の採寸データと同一人物の30年分の時系列データ）、②女性のこころに関する意識調査によるデータ蓄積、③製品開発や設計、生産活動におけるマニュアル、生産方式など、④実店舗や EC サイトにおける店舗ごとの顧客・在庫・販売実績データなど、⑤「3D smart & try」により計測・蓄積される「からだ」データと、AI 接客・アバター接客により蓄積される好みや本音などの「こころ」データ、である。

第7章

暗黙知と形式知の融合による価値創造

　本章の事例を、野中郁次郎らによる暗黙知と形式知の相互作用・融合による価値創造という視点から読み解いてみよう。ワコールは、世界屈指の「からだ」と「こころ」の知識を活用して、「１人ひとりのこころとからだに、好きな時と場所で、ぴったりと寄り添う」という新たな顧客価値を創造した。そのために、女性の「からだ」と「こころ」に関する「暗黙知」である「神の手」にデジタル技術を融合して進化させることが必要だった。この購買体験の革新に際し、リアルな世界で培われてきた「ひと」の能力・知識を中核とした、「ひとが活きるデジタル」の思想が徹底されている。

　ワコールの長年の歴史で培われてきた、女性の「からだとこころ」を熟知するBA が有する計測および接客に関する熟練・ノウハウ（暗黙知）と、ワコール人間科学研究所などで蓄積された世界に類をみない女性の「からだとこころ」の膨大なデータ（形式知）に、最先端のデジタル技術がかけあわされることにより進化したサービスが「3D smart & try」である。これらの豊富なデータ・知識があるからこそ、高速かつ高精度にからだを計測できる独自のシステムを構築して、１人ひとりのからだとこころに寄り添う商品提案ができるし、その提案を可能にする豊富かつ的確な商品群を事前に開発・企画することもできる。

　さらに、「3D smart & try」の提供により来店顧客数が増え、BA が顧客と対話する機会も増えるので、BA が獲得する暗黙知および「からだとこころ」の高精度な形式知も充実する。これらの豊富なデータを活かして、新たな製品開発やサービスの開発につなげることにより、より一層１人ひとりの顧客に寄り添う商品・サービスの提供や、他社との協業なども視野に入れた新たな事業展開も可能になる。

　「神の手のデジタル化」により形式知としての側面が強くなるので、模倣が容易になると思われるかもしれない。しかし、どのような暗黙知や形式知を、どのように活用すればよいのかに関するノウハウや仕事の進め方を、他社が模倣することは容易ではない。さらに、BA の尽力により蓄積されてきた暗黙知と研究所で蓄積されてきた形式知の水準がいずれも高いので、デジタル化されたシステムで提供されるサービスの「初期値」が高く、それに「3D smart & try」で収集される膨大なデータが融合されていくことにより、他社に対する優位性が飛躍的に向上する。このように、暗黙知と形式知の融合を継続的に行うことにより、他社の追随を許さない顧客価値の創造を続けることが可能になる。

4　バリューチェーンの進化

◈ リーダー企業を取り巻く環境の変化

　長年にわたり業界のリーダー企業であるワコールは、様々な試練に直面し続けている。1990年代後半から国内市場の成長が伸び悩むなかでも、競合相手のトリンプとは「寄せて上げる」競争で熾烈な新製品開発競争を繰り広げたり、ワコール人間科学研究所の成果を活かした加齢による体型変化に合わせた「『マイナス５歳』シリーズ」の下着や着け心地を重視するブラなど魅力的な新商品を継続的に展開することによりシェア獲得や売上増大を図ってきた。近年では、「楽に過ごしたい」ニーズをうまくとらえワイヤからの解放を宣言して参入したユニクロの製品群がヒットを続けており、ワコールとシェア首位を争っている。近年のワコールの売上高に占める EC 率は高まっており、販売チャネルにも重要な変化が起きている。

　ワコールは、1960年代には百貨店の拡大、1980年代には量販店の拡大とともに、自社も売上を伸ばしてきた。この成功・成長の体験から、百貨店や量販店と

いった販売チャネルを顧客とした事業が主に展開され、下着を手に取り購入する最終顧客の詳細なニーズや悩みに寄り添うことが必ずしも容易ではなくなっていた。百貨店の売上低迷などから既存のチャネル戦略にも限界が見えてきた。さらに、「理想的なプロポーションの提示と追求」から「すべての女性がそれぞれ自分らしく輝ける、自分なりの美しさの追求」というように「美しさ」の価値観も変化している。「見た目よりも楽に着たい」といったニーズも増えている。このように、市場競争の激化や EC 化の進展、価値観の変化といった様々な変化に適応することがワコールの喫緊の課題となり、その 1 つの解決策が、第 2 節でみたデジタル技術の活用による店舗および購買体験の革新である。

デジタル技術を活用したバリューチェーンの進化

購買体験のデジタル化といえば、店舗におけるデジタル測定機器の導入や AI 接客といった「店舗ローカル」な変革に目が向きがちかもしれない。しかし、新たな顧客価値を創出するためには、研究や開発、生産、販売などといった価値創造に関わる個々の活動が高水準で実現されることと、それらの活動全体を見渡して既存の資源・能力を組み直したり新たな資源・能力を獲得したりすることによって、価値のよりよい流れをつくりあげていくことの両方が必要である。

企業の個々の活動がつなぎあわさることで顧客に価値が提供されるが、M. ポーターによれば、この一連の活動のつながりはバリューチェーン（以下 VC）と呼ばれる。VC のうち、「主活動」として研究や開発、生産、営業、販売、流通、アフターサービスなどがあり、これらの活動を円滑に行うための「支援活動」として、人的資源の管理や各活動に必要な資源・要素の調達、情報システムの管理などがある。加護野忠男らによれば、これらの活動のつなぎ方における工夫や独自性が、他社との差別化の重要な源泉となる。

本章の事例では、VC における様々な活動が互いにつながりあいながら新たな顧客価値を創りあげている。実店舗で鍛え上げてきた「神の手」やワコール人間科学研究所における長年の知識蓄積と新たなデジタル技術の活用により、からだの計測を高速かつ高精度に行える。デザイナーを社内で育成しつつ、既存のデータと「3D smart & try」により新たに収集される膨大なデータを融合し、「からだとこころ」やその変化に関する膨大な知識を活用して魅力的で豊富な商品群を開発することにより、多種多様な「からだとこころ」にベストマッチする提案をしている。それに

より、「いまは寄せて上げたい」、「いまはすっきりきれいに見せたい」、「いまは楽に過ごしたい」といった「からだとこころの変化」にも、柔軟かつ的確に対応できる。40点以上もの細かなパーツに分かれるブラジャーを高品質かつ高効率に手作業で縫製できる高度な生産技術や熟練技能者を多数育成していることにより、多種多様な商品を高品質かつリーズナブルな価格で提供できる。

　購買体験の革新を進めるにあたり、店舗のデジタル化のみならず、販売チャネル別に分散して収集・蓄積・管理されてきた顧客情報や、毎年約50万人分の実店舗におけるサイズ計測データ、在庫・商品データなどを全社で一元化して管理・活用

【表7-1　ワコールにおけるDX変革の経緯】

時期	2016年4月〜2018年3月	2018年4月〜2019年3月	2019年4月〜2020年3月	2020年4月〜2021年3月
主な取り組み	・17年3月期：ITインフラ整備 ・18年3月期：CX戦略の稼働（オムニチャネル戦略推進部発足）	・情報管理システムの稼働	・自社ECサイトと直営店の連携 ・「3D smart & try」の導入	・自社ECの成長 ・アバターサービス導入
ICT投資額	17年3月期：15億円 18年3月期：19億円	24億円	31億円	24億円
取り組み詳細	・直営店にてRFIDタグの試験導入開始 ・オムニチャネルサービス基盤の整備 　・顧客情報の電子化 　・接客用タブレット運用開始 　・基幹ITの統合 　・ブランド横断型の商品および在庫情報管理システムの構築	・直営店と自社ECの連携開始 ・百貨店の顧客情報の共有（電子カルテ化） ・オムニチャネル戦略の実用化準備の完了 　・一元化した情報管理システムの稼働（在庫・商品・顧客購買データ） 　・3DボディスキャナーとAI接客システムの開発	・「3D smart & try」の導入 ・顧客データを積極的に活用したマーケティングの実施 ・百貨店の顧客データ基盤整備の完了	・「Ava.COUNSELINGパルレ」の導入 ・顧客データ活用に向けたCXデザイン部の設立 ・百貨店・直営店と自社ECにおける顧客データ統合に着手 ・物流センターの拡張工事開始

出所：ワコールホールディングス（2021）をもとに著者作成。

することなどを可能にするために、総額100億円を超えるICTシステム投資を数年かけて進めてきた（**表7-1**）。それにより売上や在庫、販売動向など「現場オペレーション」における情報の流れをよりよくする体制を整備して、多様な実店舗やECサイトをシームレスに連携して、高質かつ円滑な購買体験フローを提供している。

　ワコールは、長年にわたり、開発・製造・販売などのVC全体を自社で行い、顧客価値を実現するための活動全体の調整連携に関する知識（システム知識）を蓄積してきた。「1人ひとりの顧客に『深く、広く、長く』寄り添う会社を目指す」という基本戦略のもと、顧客を起点として、デジタル技術をテコとしながら、さまざまな活動を新たに融合していく変革が機動的かつ統一的に導かれている。この戦略と歩調を合わせて、商品企画体制や卸売・小売事業本部体制、マーケティング体制、ブランドグループ、物流システム体制、本社組織などの組織再編も進められている。さらに、自前のVCの強みに固執することなく、3Dボディスキャナーや計測結果表示アプリ、接客AI・商品推奨アプリなどの新たな技術については、積極的にパートナー企業と協業することで、自社と他社の強みの両方を活かして迅速な開発と導入を可能にした。デジタル技術を駆使して非接触型の計測・接客を可能にするシステムをあらかじめ構築していたことが、コロナ禍の世界における競争を有利に進めることにもつながっている。D.ティースらによれば、変化する環境に適応する企業の能力はダイナミック・ケイパビリティと呼ばれるが、本章の事例は、この能力発揮の好例といえよう。

第7章

5 おわりに

　1人ひとりの「からだとこころ」に寄り添う価値づくりという難問に、デジタル技術を駆使してどのように答えていくのか。本章の事例を通じて学んだことは大きく2点ある。1つめは、顧客の「からだとこころ」という容易にははかり知れないことを見える化してくれる「神の手」のデジタル化とそれによる購買体験の革新が、暗黙知と形式知の融合、および、ひととデジタル技術の共創により実現されていることである。2つめは、購買体験の革新と聞くと、店舗や販売現場といったVCの下流の活動のみに目が向きがちであるが、それを可能にするためには、既存の強みを活用しつつ、新たな価値創造に向けてVC全体を見渡して多岐にわたる活動をう

まくつなぎあわせていく必要があることである。

? 考えてみよう

①　ひとの手による熟練・技能をデジタル技術で進化させることに成功している企業の事例を探そう。この進化により、ますます「ひと」が行う仕事を充実させるにはどのような取り組みが有効であるか、考えよう。

②　デジタル化により、働き方改革に成功している企業の事例を探そう。

③　オムニチャネル戦略により、売上を増大したり、新規の顧客を獲得している企業の事例を探そう。

主要参考文献

有田賢太郎、児玉直美、酒井才介、髙橋考平「働き方改革の広がりと生産性への影響」『一橋ビジネス・レビュー』68(4)、8-23、2021年。

加護野忠男、井上達彦『事業システム戦略』有斐閣、2004年。

内閣府「平成29年度次経済財政報告―技術革新と働き方改革がもたらす新たな成長―」<https://www5.cao.go.jp/j-j/wp/wp-je17/17.html>2017年。

野中郁次郎、竹内弘高『知識創造企業』東洋経済新報社、1996年。

マイケル・E・ポーター（土岐坤訳）『競争優位の戦略』ダイヤモンド社、1985年。

横山斉理「チャネル戦略の基本」西川英彦・澁谷覚編著『1からのデジタル・マーケティング』碩学舎、2019年。

ワコールホールディングス『ワコールホールディングス決算説明会21/3期の振り返りと22/3期の取り組みについて』（2021年5月20日）<https://www.wacoalholdings.jp/ir/library/presentation/files/wacoalpresentation20210520.pdf>2021年。

Teece, David, Gary Pisano, and Amy Shuen. "Dynamic capabilities and strategic management," *Strategic Management Journal*, 18（7）, 509-533. 1997.

次に読んで欲しい本

☆知識創造理論について、詳しく学ぶには…。

野中郁次郎、遠山亮子、平田透『流れを経営する―持続的イノベーション企業の動態理論』東洋経済新報社、2010年。

☆ダイナミック・ケイパビリティについて、詳しく学ぶには…。

　コンスタンス・ヘルファット、シドニー・フィンケルスティーン、ウィル・ミッチェル、マーガレット・ペトラフ、ハービア・シン、デビッド・ティース、シドニー・ウィンター（谷口和弘、蜂巣旭、川西章弘訳）『ダイナミック・ケイパビリティ―組織の戦略変化』勁草書房、2010年。

☆オムニチャネルについて詳しく学ぶには…。

　近藤公彦、中見真也編著『オムニチャネルと顧客戦略の現在』千倉書房、2019年。

第 **8** 章

リテール AI
：トライアル

第1章
第2章
第3章
第4章
第5章
第6章
第7章
第8章
第9章
第10章
第11章
第12章
第13章
第14章
第15章

1 はじめに

　私たちの生活において、AI（人工知能）はすでに様々な用途で使われ始めている。例えば、AI カメラを搭載したスマートフォン、スマートスピーカー、お掃除ロボットがあげられるだろう。

　ビジネスにおいては、より幅広い分野・目的で AI が活用されている。例えば、コールセンターでのコミュニケーションを代行してくれる「会話系」、ビッグデータを使った高精度の「予測系」、ロボットやドローンに搭載された「実行系」、モノや人を画像認識で見分ける「識別系」といった AI である。

　小売業の世界でも、AI は身近な存在になりつつある。Amazon やウォルマートの事例がよく紹介されるが（**Column 8 - 1**）、本章で取り上げるトライアルのように、国内でも先進的な取り組みが見られる。同社における AI の活用事例は、先の類型で言えば、「識別系」に該当する。しかし、この事例で注目してほしいのは、単に AI の機能ではなく、AI によってビジネスを革新するリーディングカンパニーの姿である。合わせて、そのためには自社だけではなく、取引先を含めたサプライチェーンにおける協業が必要になることを学ぶ。

2 事例：トライアル

◈ トライアルの概要

　福岡県福岡市に本社を置く株式会社トライアルホールディングスは、トライアルグループの持株会社である。同グループのメイン事業は、スーパーセンター（食品スーパーとディスカウントストアを融合し、衣食住に関するフルラインの商品を取り扱う業態）を中心とした小売業であるが、「IT と小売業・流通業を融合させ、お客様の役に立つ」というビジョンの下、AI を含む先端的な IT を駆使して、リテール（小売・流通）の世界を改革し続けてきた企業として、よく知られている。

　同グループが IT とリテールの融合に取り組んできたのは、1980年代の創業初

期の頃からである。祖業（創業時の事業）でソフトウェア開発を行っていたことも
あり、リテールITに着目して、自動発注、検品等の店舗業務を効率化する携帯端
末の開発、購買データを分析するシステムの開発など、ITへの積極的な投資を続
けてきた。こうしたリテールIT戦略によって、同グループは右肩上がりに急成長
しており、売上高と店舗数は、2000年9月期の100億円弱・7店から、2010年
3月期に2,000億円強・106店、2021年3月期には4,251億円・262店に拡大し
続けている。以下では、同社が2017年6月から進める、リアルの店舗とAIの融
合を図る「リテールAI」の戦略に焦点を当てて見ていこう。

◉ AIカメラの機能

　発祥の地である福岡市のベッドタウン、新宮町にある「メガセンタートライアル
新宮店」（**写真8－1**）は、1万1,900㎡の敷地に、生鮮・加工食品から酒類、日
用品・医薬品、衣料品、電化製品、おもちゃ、さらには寝具やアウトドア用品、
ペット用品といった幅広い品揃えで24時間営業している大型店舗である。このお
店には、天井からつり下げられた約1,500台のカメラが設置されている。これは防
犯用の監視ではなく、陳列棚の商品を認識したり、顧客の行動を把握することを目

第**8**章

【写真8－1　メガセンタートライアル新宮店の外観】

写真：トライアル提供

【写真 8 - 2　リテール AI カメラ】

写真：トライアル提供

的とした AI 搭載カメラである。

　このリテール AI カメラ（**写真 8 - 2**）は、スマートフォンをベースに自社開発した。AI が商品のパッケージを認識して、棚から商品が欠品しそうだということがリアルタイムで把握できる。人手に頼る場合は、人間が定刻に売り場を見回りに行く必要があるが、このカメラを使えば AI が適切な補充のタイミングで知らせてくれる。また、店舗内での顧客の動線（回遊ルート）や各売り場での滞留状況もわかる。ID-POS（顧客識別可能なレジ）のデータを使えば、レジを通過した顧客の購買履歴を知ることができるが、購買に至る行動を把握するには、人手をかけて調査するしかなかった。このカメラを使うことで、店舗のレイアウトや商品陳列の見直しが科学的かつ容易になる。例えば、ペット用品の売り場にいる買い物客は滞留時間が長めだという。お店に来たら売り場に足を運び、気になる商品を探している人が多いと判断される。こうした分析から、ペット用品の売り場を入口から遠い所に配置することによって、顧客の回遊時間を延ばすことができるのではないかという仮説を立てることができる。

◈ AI カメラとほかの IT 機器を組み合わせたスマートストア

　「スマートストア」と位置づけられる新宮店では、AI カメラ以外の IT 機器も活用されている。ひとつはスマートショッピングカート（通称：レジカート）であり、

同店では約200台導入されている。このカートはバーコードスキャナーと10インチのタブレットを備えており、顧客がプリペイド機能付き会員カードをかざしてIDを確認した後、購入する商品のバーコードをスキャンすると、かごの中の合計金額が表示される。買い物の途中で金額を確認できたり、セルフで精算できてレジ待ちしなくてもよいため、顧客にとっての利便性の向上に寄与している。加えて、タブレットを使ってプロモーション情報を流すことにより、お得感を提供することで購買機会を増やすことにも取り組んでいる。例えば、レタスをカートでスキャンしたら、いっしょに購入するとおすすめのドレッシングを割引クーポン付きで表示する。トライアルは、こうした利便性向上とお得感を合わせた買い物体験の向上を目指している。結果、レジカートを使う顧客の1回当たり買い上げ金額や来店頻度は、使わない顧客よりも多いという実績が報告されている。

もうひとつはデジタルサイネージであり、同店に約210台設置されている。これは、商品の位置を知らせる看板であり、商品紹介などの広告媒体にもなる。従来の紙のPOPとは異なり、カートに読み込ませた会員情報から、サイネージの前にいる顧客を検知して、購入する可能性が高い商品を映し出すことができる（トライアルの実験報告より）。いっせいに同じ動画コンテンツを流して特定商品を訴求することも可能である。

スマートストアの強みは、AIカメラの機能をほかのIT機器と組み合わせることで、顧客の購買行動について、幅広い視点から仮説の検証を行うことができる点である。例えば、ある売り場では滞留時間が短く、いつも同じブランドの商品を買う顧客が多いとする。その場合、ほかのブランドの商品を広告してもあまり意味がない。一方、ほかの売り場では、滞留時間が長く、悩んだ上で購入する様子が見られることが多いとする。この場合、購入しそうな商品を予測して、カートのタブレットやデジタルサイネージでレコメンデーションすることが有効かもしれない。このようにスマートストアでは、AIカメラのデータから見えてくる購買に至る行動と顧客の購買履歴を組み合わせて、顧客毎に異なるクーポンをカートのタブレットで提示したり、個々の顧客に合う商品をデジタルサイネージで紹介することができる。そして、こうした販促活動の効果を購買データと紐づけて分析する（＝仮説を検証する）ことを繰り返すことで、販促の精度をより高めることが期待できる。このようにトライアルでは、顧客が買い物を楽しめる良い流れをつくるために、AIカメラとIT機器を組み合わせて活用している。

第8章

Column 8 - 1

スマートリテイリング

　ここでは、AI を含む最新の技術を活用して、店舗運営を改革したり、顧客の利便性向上に取り組んでいるスマートリテイリングの事例を紹介しよう。

　Amazon Go は、通り抜けるだけで決済が完了するウォークスルー型のレジなしコンビニである。顧客はスマホに専用アプリをインストールしてアカウントを作成し、表示された QR コードの ID をかざして入店。あとは購入したい商品を手にとって出ていく。決済は登録したクレジットカードで行われる。レジ待ちがなく、忙しいビジネスパーソン向きである。顧客が何を買ったのかは、店内に設置した AI カメラと重量センサーで収集したデータをもとに、ディープラーニングを活用した画像認識技術で判断する。

　リアル店舗をもつウォルマートは、ネットで注文した商品を店舗で受けとる BOPIS（Buy Online, Pick-up In Store）と呼ばれるサービスに先行して取り組んできた。店頭で受けとるだけでなく、ドライブスルー型もある。駐車場に着いたらアプリで連絡し、店員にトランクに入れてもらう「カーブサイドピックアップ」はコロナ禍で好評だった。

　このようにオンラインとオフラインを融合した取り組みは OMO（Online Merges with Offline）と呼ばれる。日本では、ホームセンター大手のカインズが、EC サイトで注文した商品を店舗で受けとれるサービスを行っている。ホームセンターは売り場面積が広く、アイテムが膨大にあるが、顧客は自分のスマホにアプリを入れれば、商品の陳列場所や在庫状況を確認できる。同社は今後、店舗内に体験型スペースを設置して、企業と消費者による新商品の共創の場をつくろうとしている。AI カメラを使って購買前行動を数値化できれば、新商品に対する消費者の興味の程度を測定できる。それを商品開発に活用していけば、新たな顧客体験の創出につながるだろう。

🔅 リテール AI プラットフォーム

　トライアルは販売データや顧客データ、さらには AI カメラで収集した購買前行動のデータを約260社の製造業者や卸売業者と共有し、「ジョイント・ビジネス・プランニング」と呼ぶ活動を通じて、自社だけでなく、取引先といっしょになって

店舗オペレーションの改善や売り方の開発を進めている。同社はナショナルブランド中心の品揃えを採用しているため、売り場の魅力を高めるには小売だけでは限界があり、サプライチェーン全体での協業が欠かせない。

　さらに、同社は2019年11月、サントリー酒類、日本アクセス、日本ハム、ノクシマガリレイ、ムロオと共同で、リテールAIプラットフォームプロジェクト「リアイル」を結成した。これは、製造、卸売、小売、物流、店舗設備のプレーヤーが連携して、AIとデータ分析を活用したスマートストアの普及を目指すプロジェクトである。同プロジェクトのリーダーで、トライアルグループのAIソリューション会社、株式会社Retail AIの代表取締役社長である永田洋幸は、「オープン・イノベーションで産業を変える」と述べている。今後は協力会社を増やして、「リテールDXという市場をつくる」と言う。すでにほかの小売企業へのスマートショッピングカートの提供も始めており、今後はプラットフォーマーとして、日本の流通・小売を変革することが期待される。

3　AIカメラを使ったデータの収集・分析

　トライアルの事例では、同社が自社開発したAIカメラを使って商品を認識し、欠品防止に活用していることを紹介した。ここでは、AIカメラを使ってどのようにデータの収集・分析が行われているのかを理解しよう。

◉ データの収集

　監視カメラの場合は、常時売り場の動画を撮っているが、欠品防止や商品への接触把握という目的に使う場合、データ量が多くて無駄が多い。そこで、AIカメラによる商品棚の撮影では、あらかじめ設定した時間間隔での静止画のデータを収集している。顧客のプライバシーに配慮して、撮影した画像から人のデータを削除し、各棚における商品の陳列状態に関するデータのみを分析対象とする。例えば、購入した場合は棚の画像から商品がなくなる。手に取ったが購入しなかった場合は、商品の位置や向きが変化する。こうした陳列状態の変化を把握するためであれば、1分間に1枚の画像を撮影するだけで十分である。

◉ 画像認識

　静止画から商品の種類を認識するために、「正解」を商品マスターとしてデータベースに登録しておく必要がある。パッケージが似たような商品でも、例えば明治のチョコレート菓子の「きのこの山」と「たけのこの里」を区別できなければならない（トライアルの実験報告より）。

　棚にどのような商品が並んでいるのかという棚割りが決まっているので、候補となる商品群の中から、画像に写っている商品を判定することになる。トライアルでは、AI のいくつかのアルゴリズムを組み合わせて判定しているが、ここではよく知られているディープラーニング（深層学習）の手法をもとに、一般的に理解してみよう。入力層の入力信号は画像の画素ごとのデータであるが、中間層の第1層では個々の画素の色や明るさ、第2層では線の形状、第3層ではパッケージのパーツが判定されていき、それらのパーツの組み合わせから、第N層では商品が特定され、1枚の画像から、商品の種類、位置、個数が出力される。学習過程では、登録した教師データと比較して、正解・不正解を繰り返しながら、第X - 1層から第X層への重み付け（結合強度）が変化する。しかし、パッケージが似た商品では、ディープラーニングでも誤認識することがあるだろう。こうした場合は、パッケージの特徴をデータ化した商品認識も組み合わせた判定を行う必要がある。

◉ 商品接触ヒートマップ（トライアルの実験報告より）

　商品への接触有無の把握については、静止画を時系列に比較して、商品の位置や向きの変化だけを抽出する。そして、変化があった商品をヒートマップ表示する（例：静止画の該当商品を青色に塗る）。これにより、「手に取ったけれども購入しなかった」という行動を一目で把握できる。この機能を使うことで、商品群によって異なる購買行動がわかる。例えば、ビールでは計画購買が多く、ピンポイントで特定商品に触れることが多い。逆に、お菓子では非計画購買が多く、いろいろな商品を手に取る傾向が見られる。

欠品検知

　AI カメラが商品棚を監視して、売り場の状況を数値化している。例えば、バナナの売り場について、欠品面積（商品がない部分）およびその面積比率をもとに、100点満点でのスコアを算出している（欠品すると減点されてスコアが下がる）。そのスコアから、店員が売り場へ足を運ばなくても陳列状況をリアルタイムに把握でき、品出しが遅れて欠品することを避けることができる。合わせて、余剰在庫を抱えるリスクを減らすとともに、売れ筋商品や商品回転の悪い商品を把握して、発注量や棚割りの最適化を図っている。

棚前行動分析

　AI カメラを使って、何人の顧客が「来店」し、各棚の前を「通過」し、立ち止まって「注目」し、商品に「接触」し、レジカートに入れて「購入」したのかを数値化している。写真8－3は、飲料売り場の事例である。こうした棚前行動の分析によって、売り場の魅力度を定量的に把握して、売り場の設計や販売促進に活用している。

第8章

【写真8－3　飲料売り場における棚前行動分析】

写真：トライアル提供

4 サプライチェーンの協業

　トライアルは、製造業者や卸売業者とデータを共有して、店舗オペレーションの改善や売り方の開発を行っていることを紹介した。このようなサプライチェーンの協業について、理論を踏まえた上で、トライアルの事例の位置付けや特徴を確認しよう。

組織間構造の類型

　サプライチェーンにおける組織間のつながり（以下、組織間構造と呼ぶ）のタイプは、図8‐1のように2軸で説明できる。「組織間関係の強さ／弱さ」（縦方向）と「オープンな（開放的な）関係／クローズド（閉鎖的な）関係」（横方向）である。「市場取引型」はオープンであるが関係が弱いタイプである。「アームズ・レングス型」とも呼ばれるように、売り手と買い手は一定の距離を保って、短期的な視野で市場での取引を行う。売り手は不特定多数の買い手に標準的な製品やサービスを提供し、モノやお金の交換が終われば、その関係は終わる。仮に取引が長期的に行われているとしても、それはこのような関係が続いているだけであって、何らかの共同的な取り組みを行っているわけではない。

　逆に、「所有型」はクローズドであるが関係が強いタイプである。完成品のメー

【図8‐1　サプライチェーンにおける組織間構造の類型】

出所：Lambert et al.（1996）より著者作成。

Column 8 - 2

製造業と流通業の連携

　食品や日用品といったグローサリー業界におけるサプライチェーンの協業については、米国発の ECR（Efficient Consumer Response）と呼ばれる活動がその源流とみなされる。ECR とは、消費財の製造業と流通業が協業することによって、流通全体を効率化することを目的とした活動である。90年代初頭に開発された手法であり、当時よく紹介されたのは、世界最大の小売業であるウォルマートと日用品の大手メーカーである P&G の取り組みである。定番商品を対象として、ウォルマートから P&G には発注ではなく、単品別の販売実績、店頭および物流センターの在庫数量などのデータを提供し、P&G はこれらのデータをもとにウォルマートへの最適な納品数量を計算して、自らの判断でセンターに商品を納入するという効率的なしくみである。

　その後、ECR は米国から世界へ、そして様々な業種へと広がっていき、その過程で ECR という名称は使われなくなっていった。さらに、対象商品を広げて、製造業と流通業が共同でプロモーションを計画し、需要予測を連動させ、生産・補充する CPFR（Collaborative Planning, Forecasting, and Replenishment）と呼ばれる活動へと発展している。

　日本でも、欧米の ECR や CPFR の事例が紹介され、導入を進めていく動きが見られたが、必ずしも順調に進んでいるとは言えない。その理由の1つとしてあげられているのが、古くからの商慣習である。日本の場合、消費財では製造業と小売業の間に卸売業が介在し、複雑な取引交渉が行われている。DX 変革が世界中のあらゆる領域で進む中、日本の製造業と流通業がこうしたレガシーから脱却し、連携してオペレーションの標準化への取り組みを広く普及させ、新たな流通システムにつくり変えていくことが大きな課題となっている。

第8章

　カーとサプライヤーが共同で運営する工場の合弁会社を設立したり、完成品メーカーによる基幹部品を供給するサプライヤーの買収や販売店網の系列化といった例が典型的である。自動車業界における完成品メーカーと下請けの部品メーカーとの間で取り上げられてきた、いわゆる「ケイレツ」はこのタイプに該当する。

　「協業型」は、市場での取引先の中の特定少数の企業との間で、長期的な視野で共同的な取り組みを行うことで、所有型と同等の便益を得ることをねらったタイプである。「パートナーシップ型」とも呼ばれるように、相互信頼やオープン性、リ

スクと報酬の共有にもとづいた、特別につくりあげられた関係によって、個々の企業によって達成されるよりも高いパフォーマンスを実現することを目指す。

◈ 協業型の3つのタイプと特徴

　トライアルが志向する取引先との共同的な取り組みは、Retail AI の永田洋幸の「オープン・イノベーション」という言葉からもわかるように、決して閉鎖的なものではない。よって、3つのタイプの中では、「協業型」に該当するとみなすことができる。ここで、D. ランバートらは、協業型をさらに3つのタイプに分けている。タイプⅠは1つの機能領域における協業、タイプⅡは複数の機能領域における協業、タイプⅢは取引先を自社の拡張部分とみなす、いわばバーチャル・コーポレーションである。タイプⅠとタイプⅡは、売り手と買い手の間でどのような部門がやりとりをしているのかが異なる。通常は、売り手の営業部門と買い手の購買部門（小売の場合はバイヤー）がやりとりするため、そこの接点で協業が始まる。このレベルに留まるのがタイプⅠであるが、接点がさらにほかの部門間にも広がっていくのがタイプⅡである。

　トライアルの場合、製造業や卸売業者との間でデータを共有するねらいとして、店舗オペレーションの改善や売り方の開発をあげている。ジョイント・ビジネス・プランニングと呼ぶ取り組みでは、製造業側（売り手）では営業以外にマーケティング、トライアル側（買い手）では購買（バイヤー）以外に店舗運営の部門が関わっていることを意味している。さらには、両者の情報システム部門もやりとりがある。この取り組みはタイプⅡ、つまり複数の機能領域における協業であるとみなされる。共有されたデータにもとづいて、店舗オペレーションや売り方に関する意思決定の調整が行われ、商品の供給から店舗での販売に至る業務プロセスを良い流れにするとともに、継続的なプロセスの改善が共同で行われる。

　さらに、リテール AI プラットフォームプロジェクトでは、「リテール DX 市場の創造」という共通の目的を掲げて、サプライチェーンを構成する各領域（製造、卸売、小売、物流、店舗設備）における特定の選ばれたプレーヤーが連携している。これは、上記のタイプⅢ、つまりバーチャル・コーポレーションとみなしてよいだろう。このタイプでは、参画する企業の機能部門間だけでなく、経営トップまでつながりが広がっていることが特徴的である。これにより、各企業は長期的な視野でこのプロジェクトに関与したり、プロジェクトに特化した投資を行いやすくなる。

　トライアルが取引先と構築している組織間構造から学べるのは、協業型を2つのタイプで実践していることである。同社がリアルの店舗とAIの融合を図る戦略を、単に自社の店舗で実現するだけでなく、ほかの小売企業にも展開していく上で、取引先との間でハイブリッドの協業型構造を形成していることも頭に入れておいてほしい。

5 おわりに

　本章では、流通・小売業におけるDX変革のリーディングカンパニーとして、トライアルを取り上げた。事例を通じて、AIカメラの機能を理解した上で、ほかのIT機器と組み合わせたスマートストアにおいて、どのようなデータ分析や仮説検証が可能になるのかを学んできた。小売業は、従来から入手してきた購買履歴に加えて、AIを駆使して購買に至る行動を把握することで、施策の精度を高めたり、アイデアを広げることができる。データ分析と店舗運営における試行錯誤を重ねることで、施策の効果を上げることができるだろう。

　こうしたオペレーションのレベルでのAI活用に加えて、トライアルはプラットフォーム・ビジネスを創造するためのツールとして、AIを位置づけていた。顧客の買い物体験の向上という共通目的を実現するためのAIドリブンのサプライチェーンの協業である。DX時代の戦略的な企業間連携の先進事例として、今後の動向が注目される。

❓ 考えてみよう

① 　トライアル以外の小売でAIカメラを活用した事例をあげて、共通点や相違点を考えてみよう。
② 　小売において、トライアルの事例で紹介した「識別系」以外のAIの使い方（例：予測系）を考えてみよう。
③ 　製造業と流通業の連携を強化するための要因について、組織横断的なDX変革の視点から考えてみよう。

主要参考文献
一般社団法人リテールAI研究会『リアル店舗の逆襲—対アマゾンのAI戦略』日

経 BP 社、2018年。

日本小売業協会 CIO 研究会ステアリングコミッティ『日本の小売業 CEO、CIO へ
の提言書』、2021年。

Lambert, Douglas, Margaret Emmelhainz, and John Gardner. "Developing and implementing supply chain partnerships," *International Journal of Logistics Management*, Vol. 7, No. 2, pp. 1-17. 1996.

次に読んで欲しい本

☆ AI を含むデジタル技術によってビジネスを変革し、新たな価値を創出するため
の視点について、詳しく学ぶには…。

　森川博之『データ・ドリブン・エコノミー：デジタルがすべての企業・産業・社
会を変革する』ダイヤモンド社、2019年。

☆リテール DX を実践するための方法について、詳しく学ぶには…。

　フィリップ・コトラー、ジュゼッペ・スティリアーノ（恩藏直人監修、高沢亜砂
代訳）『コトラーのリテール4.0：デジタルトランスフォーメーション時代の
10の法則』朝日新聞出版、2020年。

第 9 章

IoT ソリューション・
ビジネス
：オプテックス

1 はじめに

　近年では、消費者自身が様々なデジタル手段（Facebook、Twitter、YouTube、Instagram など）を通して自分のニーズを発信している。そのため、DX 時代では、従来のマーケティング戦略だけではなく、DX ツールを活用することで、深層の顧客ニーズを満たす製品・サービスの開発が求められる。

　みなさんはソリューション・ビジネスという言葉を聞いたことがあるのだろうか。詳細は Column 9 - 1 に譲るが、課題に対する解決策、方法、製品やサービスを提供するビジネスモデルを意味する。日本企業はソリューション戦略が苦手だという指摘もある（朴、2017）。しかし、IoT ソリューション・ビジネスからすれば、決してそうではない。

　本章では、IoT を活用した問題解決のビジネスモデルの成功事例をとりあげ、ジョブ理論と IoT ソリューション・ビジネスについて概説する。本章で扱っているオプテックス株式会社のセンサーを活用した IoT ソリューション・ビジネスがその代表的な事例と言えよう。センサーなど IoT デバイスや AI を活用してリアルなユーザーエクスペリエンスを把握できるようになると、深層の顧客のニーズに対応する製品とサービスの提供が可能になる。

2 事例：オプテックス

◉ オプテックスの概要

　オプテックスは1979年創業以来、センサーをコア技術とした製品やサービスを開発し、数々の世界的なイノベーションを創出してきている。ブランドステートメントは、「Sensing Innovation」であり、センサー技術で豊かな未来を「感じ：Sensing」、あらたな価値を「創り出す：Innovation」という意味を持っており、センサー技術で豊かな未来を感じ、あらたな価値を創り出すことを目指している。同社は、世界中の現場からのフィードバックによって裏付けされた新しいアイデア

とセンシング技術により、顧客の課題解決、新たな価値創造の実現に取り組んでいる。

　世界30か国の拠点からのシームレスなグローバルネットワーク体制を構築し、現場特有のニーズに応えている。世界の社会システムや産業向けの製品を安定的に製造し、世界80か国以上に年間300万台以上提供している。今日も世界中の社会や産業のあらゆる場面で、人々の安心・安全・快適を支えるために、3,000万台以上の製品が稼働している。特定用途のニッチ市場を開拓し、世界のトップクラスのマーケットシェアを保有しており、屋外用防犯センサーで世界シェア40％、監視カメラ用投光器で世界シェア50％、自動ドアセンサーで世界シェア30％、人数カウントシステムで日本シェア70％を占めている。

オプテックスの事業

　オプテックスの事業は、セキュリティビジネス、自動ドアビジネス、水質測定ビジネス、駐車場ビジネス、照明ビジネス、店舗マネジメントビジネス、ビルディングオートメーション、IoTビジネスの8つの事業構成になっている。また、それぞれの事業ごとにソリューション・ビジネスを提供している。オプテックスは、1980年に赤外線を利用した自動ドアセンサーを世界で初めて開発・製品化した。

　図9－1にオプテックスの自動ドアデータプラットフォームの仕組みを示す。COVID-19環境のように、不特定多数の人が触れたものへの接触に、抵抗を感じる方も多いだろう。同社の非接触（タッチレス）自動ドア仕様は安心感につながっ

【図9－1　オプテックスの自動ドアデータプラットフォーム】

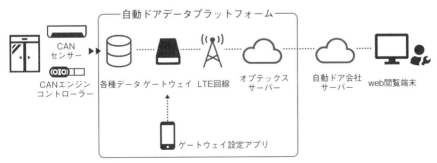

出所：オプテックスの許可を得て掲載。

ている。人々の生活空間や行動の中にさりげなく埋め込まれた非接触スイッチは、スイッチに触れることなく開閉ができ、接触を最小限に抑えることができる。そのため、自動ドア開閉用の非接触スイッチは、公共施設やオフィス、商業施設だけでなく、食品工場や医療施設などあらゆる現場での衛生管理に用いられている。

さらに、IoT ビジネスは様々な経営課題を解決する IoT ビジネスを形にするソリューションを提供している。サービスを提供する現場や生産性向上に取り組む企業では、人手不足によって業務量や手順が増加する一方、人の数や経験に頼った労働集約型が多く存在している。このような社会課題に対する解決施策の1つとして、センサーから得られたデータを活用して生産性向上や効率化、安定的な状況判断などを進めるために、IoT を導入する動きが本格化してきた。様々な設備・装置にセンサーを付けてそれぞれが繋がれば、自動かつ遠隔で監視ができ、オペレーションはたやすくなる。これまでにはないアプリケーションも実現できる。

こうしたセンサーデータは産業の不可欠なファクターとなり、データに対する価値はますます高まっている。センサーデータを保有するオプテックスだけでは実現できなかったビジネスやサービスが、様々な業界のソリューションを構築、運用する企業との共創により実現できるようになった。IoT ビジネスが提供しているソリューションの例としては、IoT 機器が代表的である。

なぜ、B2B ビジネスに IoT が求められるか。B2B ビジネスでの IoT 活用には、経営視点、現場視点、それぞれで利点があるかどうかが導入において重要なポイントとなる。IoT のシステムは大きく3つの要素に分けるとわかりやすくなる。現場におけるセンシング、通信手段、管理手法を目的に応じ選定することで IoT システム構築がスムーズに進められる。IoT システム構築には様々な選択肢があるため、検討や導入に時間を要してしまうことがある。オプテックスでは、すでに行われている業務や作業などをいかに効率化できるかどうかを重視し、最小限の投資と時間で実現しやすい IoT「簡易モニタリング」の提案を行っている（図9‐2）。オプテックスはセンサー端末からサービスの運用まで、顧客のビジネスのシーンやニーズに合わせて様々なレイヤーで対応することができる。IoT を活用したビジネスの実現や拡張、まったく新しいビジネスの開発、創造的で新しい仕組みを構築している。

【図 9 - 2　オプテックスが提供している IoT ソリューション・ビジネス】

お客様が欲しいものはモノではなくてソリューション・サービス！

モノ（製品）　　　　　ビジネスモデル　　　　　お客様（ユーザー）

モノ（製品）とビジネスモデル
両方が揃う必要あり！

お客様に届きやすい仕組み
（最適なビジネスモデル）

・ソリューション
・サービス

出所：オプテックスの許可を得て掲載。

● オプテックスの IoT ソリューション・ビジネスの活用事例

　ここからはオプテックスの IoT ビジネスが提供するソリューションについて、活用事例をとりあげてより詳しくみてみよう。

　第 1 に、設備遠隔監視である。工場などに設置されているタンク内残量を遠隔地から確認することができる。貯蔵物を補充するタイミングをメールでお知らせすることも可能である。人手に頼っていた巡回・検量・集計作業および補充作業を省力化できる。顧客導入事例として、タンク内の残量を簡単に IoT 化したことがある。

　第 2 に、設備老朽化監視である。看板に設置したセンサー端末から「傾き」や「揺れ」などを計測したデータをクラウド上に蓄積している。パートナー企業がそのデータを活用しながら、日常の遠隔監視から、早期メンテナンスのプランニング、点検作業、補修工事まで、看板のトータルライフサポートサービスの構築を行っている。顧客導入事例として、看板の点検・保守・見守りのトータルサポートがある。

　第 3 に、自然災害である。毎年、相次ぐ台風や地震により甚大な災害が発生している。例えば、冠水・水位センサーと IoT 無線ユニットを取り付けるだけで、水位が上がってきたことをメールで情報発信し、スマートフォンなどで受け取ることができる。また、危険性が高まってきたことをいち早く把握できる。顧客導入事例として、浸水や冠水の危険性を IoT で簡易モニタリングすることが挙げられよう。

また、冠水簡易モニタリングで水防活動の迅速・効率化、水害発生時の避難スイッチとして簡易冠水モニタリングを活用したりするなどが挙げられよう。

第4に、駐車場運営である。駐車場に設置した車両検知センサーと通信を連動させ、クラウド経由で車両の駐車状況（満空）が確認できる仕組みを構築している。駐車場の地中にループコイルセンサーを埋設工事することなしに最小限の投資で車両管理が可能である。顧客導入事例として、来院者に駐車場の利用状況を提供、顧客に配慮した歯科医院運営を実現したことがある。

第5に、ビルオートメーションである。会議室やフリースペースの利用状況をIoT システムで可視化することで、限られた場所を効率的に運用できる。また得られたデータを分析し、利用状況を改善することで、生産性の向上、コミュニケーションの促進が期待されている。顧客導入事例として、会議室やフリースペースの利用状況可視化が挙げられよう。

第6に、水質管理である。採取した現場の水を専用試薬に反応させ、水質測定センサーで測定しデータの収集までを自動化した。だれでも簡単に水質測定ができ、遠隔地にいる管理者も、各測定エリアの状態をリアルタイムに閲覧・管理することが可能である。顧客導入事例として、水質をリアルタイム観測・配信する諏訪湖水質観測プロジェクトがある。

第7に、スマート農業である。センサーで気温や湿度、雨量など気象データや土壌の状態データを収集、分析することで、水や肥料を適したタイミングと量を与え、収穫量の増大に役立つ。収穫から加工、流通までサプライチェーンの効率化を図っている。

3 ジョブ理論

◈ ジョブ理論の定義

顧客に特定のプロダクト、サービスを購入して使用するという行為を起こさせるものは何か、という問いに答えを出せるのが「ジョブ理論」である。顧客はある特定の商品を購入するのではなく、進歩するために、それらを生活に引き入れるというものだ。この進歩のこと、顧客が片付けるべきジョブと呼び、ジョブを解決する

Column 9 - 1

ソリューション・ビジネス

　ソリューション・ビジネス（solution business）とは、辞書を引くと、顧客の業務上の要求や課題を分析・把握し、それを解決するための取り組みを支援する業務とされる。ソリューションは、英語の「solution」、ラテン語の「solut（束縛から解放されたという意味）」からきており、「未解決」という束縛状態から解放されたという意味で「問題解決」として使われている。

　したがって、ソリューションを日本語に置き換える場合は、「解決策」や「打開策」などが適当であり、「抱えている課題を打開し、解決に導く具体的な方法」という形で使用することができよう。ビジネスシーンでは、問題や課題に対するソリューション（解決、打開）などの意味で用いられている。

　一方、ソリューション・ビジネスは、「課題に対する解決策、方法、製品やサービスを提供するビジネスモデル」を意味する。C. クリステンセンほか（2017）のジョブ理論も、本章のソリューション・ビジネスの定義に近いと言えよう。ソリューション・ビジネスと単純な製品提供を中心とした従来型ビジネスとの大きな違いは、顧客の課題を解決するソリューションを提供する機能を持ち、バックエンドはそれをサポートする仕組みを構築することに他ならない。

　さらに、IoT ソリューション・ビジネスとは、「顧客の問題を、IoT（モノのインターネット）を用いて解決するサービス」である。IoT は、電気機器に通信機能を備えることで、インターネットを介して自動認識、自動制御、遠隔操作などを可能にする。ソリューション・ビジネスには、IT システムの統合や導入などで解決できる問題と、IoT デバイスからのデータを収集して分析しないと解決できない問題がある。このデータを収集するためにモノを活用するのが IoT ソリューション・ビジネスである。オプテックスのようにデータ収集のためにセンサーやデバイスといった「モノ」を活用し、そこで集めたデータを分析し問題解決につなげるのが IoT ソリューション・ビジネスの特徴である。

第9章

ために顧客は商品を使用すると言える。言い換えれば、顧客（個人や企業）の生活には様々な用事が常に発生しており、顧客はとにかくそれを片づけようとする。顧客は用事を片づけなくてはならないことに気付くと、その用事を片づけるために雇える製品やサービスがないものかと探し回る。例えば、朝のミルクシェイクの例を考えてみよう。

◈ ジョブ理論のミルクシェイクの事例

　ジョブ理論の著者 C. クリステンセンらは、あるファーストフードチェーンからミルクシェイクの売上を伸ばすプロジェクトに携わったことがある。その企業は、ミルクシェイクについての調査を行い、顧客アンケートを数多く行ったことがある。また、味についての意見を数多く集めたり、フレーバーを追加したり、トッピングを加えたりしたが、あまり効果がなかった。

　そこで、C. クリステンセンらは、商品がよく売れる平日の朝に来店客を観察することにした。しばらく観察し続けていると、ある一定のパターンが見えた。ミルクシェイクを買う顧客は 1 人で入店し、ミルクシェイクだけを買い、車でそのまま走り去るケースが多かったのだ。

　そのパターンが見えたところで、顧客に「何をするためにミルクシェイクを雇（買）ったのですか？」と尋ねたという。すると、次のような状況でミルクシェイクを買ったと説明した。車での通勤途中で 1 人で毎日運転するのは退屈であり、手持ち無沙汰を解消するためミルクシェイクはぴったりだと思ったという。

　顧客の状況から言えることは、退屈しのぎのためにミルクシェイクを買っているということだ。ジョブ理論でこの状況を説明する場合、退屈しのぎという「用事＝ジョブ」を片づけるためにミルクシェイクを雇って（消費して）いるのだ。個人や企業においては退屈しのぎのようなジョブが常に発生していて、それを片づけるために商品やサービスを雇って（消費して）いるのだ。

　顧客側のジョブには機能的なものだけでなく、感情的・社会的なものもある。現実には、消費者の社会的および感情的ニーズが、機能的な欲求よりもはるかに大きいことがあるとされる。それに対して売り手側のジョブは売ることなので、そのギャップからミスマッチが起き、ビジネスが失敗してしまう。そこを埋めるのがマーケティング活動の 1 つと言える。したがって、事業企画・事業開発担当者は、まずは、この顧客が抱えているジョブを捉え、それを適切に解決できるソリューションを開発しなければ、ニーズのある製品・サービスを提供することが出来ないということを、意識しなければならない。

状況によるジョブの定義の違い

　さらに、ジョブとは進歩を引き起こすプロセスであり、独立したイベントではない。進歩は、特定の問題を苦労して解決するという形を取ることが多いが、それは1つの形態にすぎず、苦労や問題を伴わないジョブもある。また、ジョブの定義には状況が含まれる。ジョブはそれが生じた特定の文脈に関連してのみ定義することができ、同じように、有効な解決策も特定の文脈に関連してのみもたらすことができる。ここでいう状況とは、その他の文脈上の要素、例えば、ライフステージ（学校を卒業したばかりとか、中年期の危機に陥ったとか、もうすぐ定年とか）や、家族構成（既婚、未婚、離婚、乳幼児が家にいるか、親の介護が必要か）、財政状態（債務超過、富裕層）などに拡大することができる。

　ジョブを定義するために状況が不可欠なのは、成し遂げたい進歩の性質が状況に強く影響されるからだ。例えば、朝のミルクシェイクと違って、夕方のミルクシェイクは、買われる状況が全く異なる。朝のジョブには、退屈な通勤時間をなるべく長く埋められるように、より濃厚なミルクシェイクが好まれる。だが、夕方には状況が全く変わる。夕方の「子供に良い顔をして、やさしい父親の気分を味わう」ジョブは朝とは全く違う。したがって、夕方のミルクシェイクは、半分のサイズで良いと言っている。

B2CとB2Bのジョブ理論の違い

　さらに、B2Cのジョブに比べて、B2Bのジョブ理論は少し異なる。B2CとB2Bとのビジネスの違いで最も特徴的なのは、意思決定権を持つ人間の数だ。B2Cが1人の顧客に納得を求めるのに対して、B2Bでは社内の各部署の人間に同意を求めなければいけない。1つの部署のフローが変わると、その他の部署まで影響を受けることになる。傾向としてB2Bのビジネスのほうが商品は大規模で、取引額も大きく、長期間の契約であることが多い。

　また、購入されるまでの過程は複雑で、数多くの部署や責任者の承認を経て、やっと契約が決まったりする。製品やサービスが納入された後も、数多くの人が利用するのが一般的なB2Bビジネスである。そのため、一度購入したサービスや製品を切り替えるスイッチングコストも高くなる。一度決めた取引業者を変更するの

は、売り手にとっても買い手にとっても大変だ。例えば、会計ソフトサービス大手インテュイット社の顧客は、誰も洗練された会計ソフトを望んでいなかった。同社の顧客におけるジョブは、何をするかではなく、何をしたくないか（請求書送付、現金回収など）だった。そこで、自社の金銭処理が滞りなく機能することに限定したソフトを開発し、成功したとされる。

4 IoT ソリューションとジョブ理論

◈ DX 時代のデータ活用の課題

　近年、IoT と Industry 4.0のように産業インターネット（Industrial Internet）がもてはやされている。このように、DX 時代のビッグデータ革命のおかげで、日々様々なデータの蓄積と分析が行われている。過去から現在までの洪水のようなデータに眠るパターンをコンピュータに発見させれば、イノベーションの問題は解決できるという見方もある。しかし、現実にはそうなっていない。

　C. クリステンセンらの分析によると、企業は果てしなくデータを蓄積しているものの、どういうアイデアが成功するかを高い精度で予測できるようには体系化されていないようだ。むしろデータは、「この顧客はあの顧客と類似性が高い」「このプロダクトはあのプロダクトとパフォーマンス属性が似ている」「この人たちは過去に同じ行動をとった」「顧客の何％が特定の商品を好んだ」といった形式で表現されている。だがこうしたデータは、顧客が「なぜ」ある選択をするのかについては何も教えてくれない。

　データによって相関関係は可視化できたとしても、因果関係は可視化できていない場合も多い。つまり、現状の多くのデータ分析は、「顧客がなぜ、ある選択をするのか」について何も教えてくれない。データ分析で明らかにする対象や考え方がずれているという指摘もある。年齢別、性別、地域別、年収別などに顧客の購買動向を細分化したとしても、求める解の性質が違っているので、答えが見つかるわけではない。ある企業は多くの時間と資金を投入して、大量のデータを駆使したモデルを整備したものの、その結果、説明の達人になっただけで、企業の予測能力は向上しなかったケースもある。したがって、DX 時代のデータ活用の根底には、顧客

のジョブをいかに解決すべきかがより重要になってくる。

🌀 センサーを活用した IoT ソリューション・ビジネス

　一方、近年グローバル製造業では、IoT と Industry 4.0のように産業インターネット（Industrial Internet）の登場によって様々な IoT デバイスが顧客のジョブを理解するところに影響を与えている。本章のオプテックスのセンサーを活用した IoT ソリューション・ビジネスも典型的と言えよう（Column 9 - 1）。

　普段意識することは少ないが、センサーは私たちの身の周りのあらゆるところで存在している（Column 9 - 2）。例えば、冷蔵庫、洗濯機などの家電製品やスマートフォンなど私たちが使っている多くの製品はセンサーの塊である。松本（2012）によると、冷蔵庫では、内部の温度を測定し、適切な温度に制御するとともに、氷ができているかどうかをチェックするところにセンサーが機能している。

　一方、普段気づかないセンサーもたくさん存在しており、煙、ガスや炎の探知機など私たちの安全を守るために働いているのだ。例えば、オプテックスの侵入検知機器・システムに使われるアクティブセンサーが挙げられよう（写真9 - 1）。

　イギリスでは、農場における盗難は年間4,200万ポンド（約56億円、1 ポンド＝134円で換算）を超えている。一般的に標的とされるのは、農機具、四輪バギー、そして燃料であり、イギリス全土の農業従事者に不安を与えている犯罪である。イ

第9章

【写真9 - 1　オプテックスが提供しているアクティブセンサー】

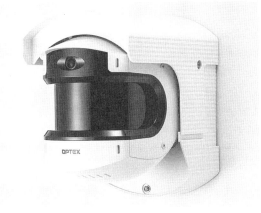

写真：オプテックス提供

ギリスのある農場を所有する農家は、四輪バイク、噴霧器、ランプ、耕運機などの盗難を防ぐために、イギリス全土の大規模サイトに設置した実績がある、オプテックスの屋外防犯システムを導入した。このシステムは、農場の外周に設置したセンサーが、侵入者を検知すると、農家に連絡が入る。農家の主は、「時間や場所を問わず、農場で何か起きていないかをいつでも監視でき、農場が守られているという実感を持てるようになりました。オプテックスのシステムは、侵入者から私の農場や家族を守り、安心をもたらしてくれます。また、野生生物を検知しないようにシ

Column 9 - 2

センサー技術

　センサー（sensor）を活用するセンシング技術は、IoT に欠かせない技術と言われている。センサー技術は、画像、位置、温度、振動等、様々なモノの内外の状態を把握するためのデバイスの一部である。世の中のあらゆるモノにセンサーが装着され、インターネットにつながる IoT の進展に伴い、従来インターネットに接続されていなかった分野の機器・装置に接続されるようになった。その結果、膨大な利用データ（ビッグデータ）の収集・解析を通じ、製造プロセスの改善・効率化や新たな製品・サービス創出へと繋がることが期待されている。センサーの範囲は広く、人によってとらえ方は様々であるが、基本的に入力信号を何らかの形で観測信号に置き換えるものはすべてセンサーとして扱うことができる。センサーはよく、生体の五感（視覚、聴覚、触覚、味覚、嗅覚）に例えられる。

　最近、商用化された5G 通信サービスにより、これらのセンサーはもっと身近になり、社会課題の解決に使われることが予想されている。例えば、ジャイロセンサーを使用することで、スマホ内の映像を人間の目の動きで捉えることも今後は可能になる可能性もある。さらに、これらのセンサーは、様々な産業エリアに用いられており、リアルタイムでプロセスや設備の状態を検出・収集し、生産制御システムへと送信したりしている。プロセスや設備の異常は、そのセンサーから電気信号を発信することによって特定され、補正を行うことで、安定操業の確保につながる。

　また、オプテックスの IoT ソリューション・ビジネスの事例で示したように、収集したデータをさらに分析することで、プロセスや設備の異常状態を事前に検知し、予期せぬ生産トラブルを回避することも可能となり、プロセス効率と生産された製品品質の向上に加え、企業収益性の改善にも貢献することにもつながる。

【図 9 – 3　ジョブ理論と IoT ソリューションビジネス】

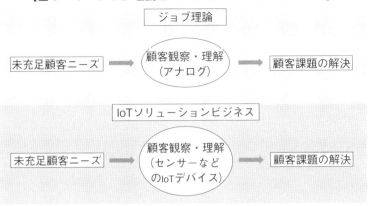

出所：著者作成。

ステムを設計してくれているため、キツネや他の夜行性動物で夜中に起こされない点も気に入っています。」と述べたことがある。このように IoT センサーを活用することで、従来解決できなかった顧客のジョブを解決することが IoT ソリューションを活用したジョブ理論である。

　IoT センサーなどのデバイスからのデータを活用して、顧客の置かれている状況、そこで「何を解決したいと思っているのか（ジョブ）」、そこで顧客に「選択してもらうには何が必要か（雇用・使用）」、そしてそれにより体験価値として機能的価値だけではなく、どのような情緒的・社会的な価値を提供するのかを、綿密に計画し設計する必要がある。そしてそのデータを用いて、その体験を磨き上げていくことが IoT ソリューションを活用したジョブ理論が目指すところである（**図 9 – 3**）。このように IoT デバイスを活用し、顧客のジョブを解決するジョブ理論こそ、本章で提示している IoT ソリューション・ビジネスの骨格と言えよう。

5　おわりに

　本章では、DX 時代のジョブ理論と IoT ソリューション・ビジネスについて学習するために、オプテックスの事例をとりあげた。みなさんは消費者として何かの用事を解決するために製品やサービスを購入している。B2C 製品やサービスの場合は、顧客を直接観察したりすることである程度そのニーズを把握できる。しかし、

B2Bの製品やサービスでは、これまであまり深層のニーズが把握されてこなかった。本章でとりあげたオプテックスの事例は、様々なセンサーを活用し、顧客の見えないニーズをキャッチし、ソリューションサービスとして提供している代表的なIoTソリューション・ビジネス事例と言えよう。今後、こうしたIoTソリューション・ビジネスは一層加速されると予想できよう。

❓ 考えてみよう

① 　身の周りにあるセンサー技術の具体的な事例を探し、どんな機能を提供しているか、考えてみよう。

② 　ジョブ理論とIoTソリューション・ビジネスの違いを考えてみよう。

③ 　インターネットを検索して、ほかのIoTソリューション・ビジネスの事例を探し、それが顧客にとってどのような価値をもたらすかについて考えてみよう。

▊主要参考文献▊

朴英元「第5節：変革の道に添えて」ワイ・ディ・シー共働創発事業本部編『なぜ、日本の製造業はソリューション・ビジネスで成功しないのか？：ものづくりモデルの創造的破壊』日刊工業新聞社、2017年。

朴英元、阿部武志、荒川雅裕「IoT時代のスマート製品サービスのコンセプトと製品アーキテクチャ（メカ・エレキ・ソフト）のための製品開発インフラの統合」玉木欽也編『スマート製品サービスとプラットフォーム・サービスの未来戦略デザイン・ビジネスプロデューサー』博進堂、2019年。

▊次に読んで欲しい本▊

☆ジョブ理論について、詳しく学ぶには…。

　　クレイトン・M・クリステンセン、タディ・ホール、カレン・ディロン、デイビッド・S・ダンカン、（依田光江訳）『ジョブ理論 イノベーションを予測可能にする消費のメカニズム』ハーパーコリンズ・ジャパン、2017年。

☆様々なセンサーについて詳しく学ぶには…。

　　松本光春『センサが一番わかる』技術評論社、2012年。

第 10 章

スマートファクトリー
：平田機工

1　はじめに

　我々の生活は、様々な製品で成り立っており、その製品のほとんどが工場でつくられる。例えば、スマホ、パソコン、ノート、鉛筆、眼鏡など、身近な製品は、企業が経営する工場で生産される。むしろ現代社会では、工場以外のところでつくられたモノを探すことが難しいかもしれない。工場で製品ができあがるまでには、いろいろな工程が必要である。工程では、作業者が機械、装置、治工具などを使いながらモノを生産する。みなさんは、工場というと、どのような印象をもっているのだろうか。ひょっとすると、これまで工場を実際に見たこともなく、工場というと古い機械がうるさい音を立てながら製品をつくっているところと思っているかもしれない。

　この章では、工場における企業の従来からのやり方や考え方を、デジタル技術で変革させる取り組みについて紹介する。具体的には、製品ではなく、工場をまるごと受注して生産する「ラインビルダー（line builder）」の平田機工株式会社の事例を取り上げながら、生産ラインのモジュール化を活用する未来型工場、スマートファクトリーを紹介する。

2　事例：平田機工

◉ ラインビルダーとは

　平田機工は、熊本に本社を置く、創業70年余りの生産設備メーカーである。生産設備とは、製品をつくるための設備のことを意味する。平田機工は、自動車や家電、半導体など世界中の様々な産業分野のメーカーのものづくりを支えているエンジニアリング・メーカーである。このように、工場の生産ラインをつくる平田機工はラインビルダーと呼ばれる。

　顧客が企業であるB2Bビジネス（企業間ビジネス）を展開する同社は、設備を1台ずつ製造して販売することではなく、生産ラインをまるごと受注し、自社工場

でラインをつくって、試運転を行った後、顧客企業に出向いて設置する。顧客企業により安くて速く、高品質な製品をつくるための生産ラインを提案することはもちろん、設計、製作、据え付け、稼働後の保守までを担う「一貫した対応力」を持っていることが特長である。また、設備の機械部分だけでなく、その動きの制御や生産量の測定などを行うソフトウェアもつくって、生産システムとして納入する。

　生産ラインをつくることはラインビルダーの仕事の中心だが、必ずしも自社製の装置にこだわらない。必要であれば、他社製の装置も組み合わせて、最終的に顧客企業の製品製造ができるような仕組みを提供する。いわば工場をプロデュースする製造業である。図10－1は、平田機工が生産・販売する生産設備が実際に使われる産業分野の例を挙げている。

【図10－1　平田機工が生産する生産設備の例】

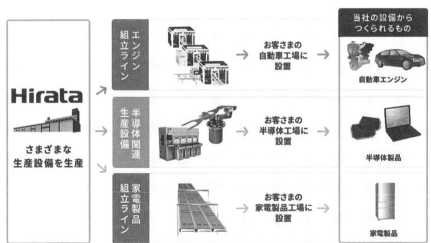

出所：平田機工の許可を得て掲載。

　自動車のエンジンを組み立てる生産ライン、半導体製品をつくる生産ライン、冷蔵庫、洗濯機などの家電製品を組み立てる生産ラインを、まずは、平田機工の自社工場内でつくって、試運転を行った後、それらを顧客企業の工場に据え付ける。自動車エンジン組立ラインは、全長が1,000メートルを超えるものもある。平田機工には、このような長大な生産ラインを組み立てて、試運転を行える工場がある（**写真10－1**）。

【写真10 - 1　試運転できる広大な工場】

写真：平田機工の許可を得て掲載。

　平田機工が納入するのは、ハードウェアだけではない。納入した生産ラインを動かすための制御ソフトウェアなどもつくって納入する。

　平田機工の顧客は、日本をはじめ、世界約40ヵ国に広がっている。北米、ヨーロッパ、東南アジア、中国、台湾などに対応するために、国内７拠点、海外関係会社９社を構えて、一貫体制で対応している。

　同社の顧客企業のリストには国内外の一流企業が多数含まれている。トヨタ自動車、日立製作所、キヤノン、AGC、クボタ、コマツ、ブリヂストンなど国内企業だけではなく、米国ゼネラル・モーターズ、フォード、３M、英国ダイソン、韓国サムスンなどのグローバル企業とも取引している。

　平田機工の事業部門別売上高構成比（2021年３月期）は、自動車関連が約36％、半導体関連が約45％、家電その他が約16％を占めており、常に顧客企業の事業環境にも注目しながらサポートしている。例えば、競争の激しさを増している電気自動車市場において、様々な生産設備で対応している。また、５Ｇの本格化、新型コロナウイルスによる在宅勤務、オンライン授業などで活発になっている半導体製造のための設備投資にも対応している。

顧客の生産現場が抱える課題を解決する

　平田機工は、装置メーカーである一方で、製造システム・インテグレータである。世界中の様々な産業分野の生産設備をつくり続けて培ったノウハウにより、顧客の要望に応じた設備を提案する。必要な製造システムが世の中に存在しない場合には、平田機工が自ら開発することもある。顧客の予算に合わない場合には、コストを下げる工夫もする。これが専業の装置メーカーとは異なるところである。平田機工にとって最も重要なことは、生産設備そのものを販売することではなく、顧客に「生産効率を売る」ことである。それを実現するためには、顧客企業が生産する製品に関する知識が欠かせない。

　しかし、生産する製品と事情は顧客ごとに異なる。ラインビルダーとして、顧客ごとの専用設備をつくってはコストがかかるし、その都度、設備を設計・制作するために非効率になるジレンマがある。このジレンマへの対応については次節で検討することにする。

　顧客が持つ一般的な課題の１つとして、製造業のデジタル化が挙げられる。製造業のデジタル化のあるべき姿は、製品コンセプトづくり、製品設計、工程設計、生産の「エンジニアリングチェーン」と、サプライヤー、メーカー、物流企業、卸売企業、小売企業の「サプライチェーン」が相互に連携し、データのやり取りもスムーズに行われることである（Column10－1）。

　しかし、日本の製造業の平均的な実態は「エンジニアリングチェーン」と「サプライチェーン」において様々な課題を抱えている。「いかにエンジニアリングチェーンをうまくつなげていくのか」「サプライチェーンにおける連携をうまく取るための方法は何か」という課題がそれである。エンジニアリングチェーンの各段階で、デジタル化と連携がうまく進んでいないと、データの受け渡しが紙ベースでのやり取りとなり、製品設計図面、工程設計図面を何度も書き直し、その結果、試作品のつくり直しが必要となる場合がある。その結果、リードタイムが長引く。また、サプライヤー、メーカー、流通企業がデータ共有をし、連携をうまく取ることは、サプライチェーン・マネジメントにおける典型的な課題である。

　顧客のニーズは多様化しており、様々な製品を少量とか大量とかを問わずに効率的に生産する変種変量生産の実現も大きな課題となりつつある。平田機工は、このような顧客の生産現場が抱える課題に対して、未来型の工場、デジタル工場をサ

第10章

145

Column10-1

エンジニアリングチェーンとサプライチェーン

　企業の活動は、基本的に連鎖（チェーン）になっており、個々の活動を管理することから視野を広げて全体の「流れ」を管理することがマネジメント上の重要課題となっている。

　製造業の企業活動の流れには大きく２つがある。エンジニアリングチェーンとサプライチェーンである。エンジニアリングチェーンとは、製品コンセプトづくり（製品企画）、製品設計、工程設計、生産に至る流れであり、製品コンセプトの創造から実生産までの活動がつながって付加価値を生む。ラインビルダーの平田機工は、エンジニアリングチェーンの中で、工程設計から生産の立ち上げまでを担当していると理解できる。

　もう１つの流れはサプライチェーンである。この流れには、一般的に、複数の企業が参加している。サプライヤー、メーカー、物流企業、卸売企業、小売企業、最終的に顧客の手に届くまでの流れである。これらを機能で言い換えれば、購買、生産、物流、販売、最後にメンテナンスなどのサービスの流れになる。

　これらの２つのチェーンの交差点が、生産を担当する工場である。よって、工場に関わる企業は、２つのチェーンを俯瞰的に見ながらビジネスをしていく必要がある。

【図10-2　エンジニアリングチェーンとサプライチェーン】

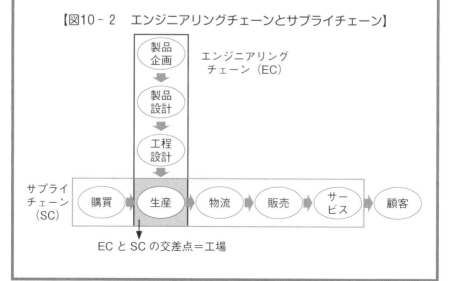

ポートすることで、顧客の喜ぶものづくりを続けている。

3 生産ラインのモジュール化

◉ ラインビルダーのジレンマ

　上述した通り、ラインビルダーにもジレンマがある。顧客企業に生産効率を売ることが存在価値であるがゆえに、効率を生む生産設備を顧客ごとに専用で設計、製作するだけでは、売り手として利益を上げるのが難しい。カスタマイズされた専用設備を提供できたとしても、設計から生産までの納期が延びると顧客は困る。このような顧客のニーズに合わせてカスタマイズしつつコストを抑制する方法を模索し、平田機工は、生産ラインのモジュール化のアプローチに行き着いた。

　製造システムは、組立ラインだけではなく、加工エリア、物流システム、情報システムなどで構成される。中でも組立ラインには、複数のステーションが存在し、さらにステーションは装置で、装置は機器でできている。このように、製造システムは、組立ライン、ステーション、装置、機器の順に細分化される。これを製造システムがもつ「階層性」という。平田機工の場合、製造システムの全階層を守備範囲としている。

　平田機工は、以前、自動車エンジン組立ラインでは、複数の工程でそれぞれ違う装置を使っていた。各工程に単機能の専用機を配置して、例えば、ネジ締めはネジ締めの専用機を、部品の取り付けは部品の取り付け用の専用機を配置していた。ごく一般的な生産ラインのイメージである。

　しかし、このままでは、要求が異なる顧客の生産ラインに対応するためには手間がかかってしまう。なぜなら、顧客ごとに異なった専用機の組み合わせを用意しなければならないからである。つまり、顧客ごとの「スペシャル」をつくるために、スペシャルな機械を組み合わせざるを得なかった。顧客の立場からも、例えば、エンジン組立のみが可能な生産ラインになっているため、別の用途の生産ラインに転用することはそもそも考えられない。専用ラインのメリットは、フレキシビリティとは距離があるものという考え方が根強かった。

第10章

◈ アッセンブリー・セル・システムの考え方

　平田機工は、これまでの考え方を変えて、「スタンダード」を組み合わせて「スペシャル」をつくる方法を創造した。これが「アッセンブリー・セル・システム（ACS：Assembly Cell System）」である。以下の**図10 - 3**は、ACS による組立ラインのイメージを示している。

【図10 - 3　ACS コンセプト】

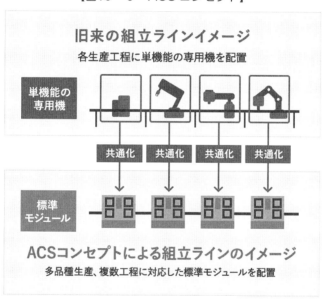

出所：平田機工の許可を得て掲載。

　ACS は、各工程で使用する装置や機械の動作、ユニット、部品の機能を分析し、「共通化」した多能工化システムである。これにより、高い性能、信頼性、コストパフォーマンスを短期間で実現することができる。

　ACS の武器は、各工程で使用する装置や部品を共通化することである。例えば、ネジ締めはネジ締めの専用機ではなく、ネジ締め「も」できる、複数機能を搭載した装置で対応する方式である。つまり、違う機能をもつ専用機を並ばせた生産ラインではなく、標準化、共通化された装置を並ばせた生産ラインである。

　平田機工は、各工程で使用する装置や部品を共通化することで、標準モジュールに統合することができた。モジュール（module）は、製品設計、工程設計でよく使われる概念であり、交換可能な標準化された機能単位を意味する。製品設計では集積度の高い部品を指すことが多いが、工程の生産ラインでも、各装置の標準化が進み、装置そのものを交換できれば、モジュール化が実現できる。

　生産ラインをモジュール化することには、故障も少なく安定した品質が確保できるメリットがある。また、設備稼働までのリードタイムを短縮し、短期間の生産立ち上げが可能になる。さらに、装置、部品の共通化により、ラインがシンプルになり、省スペース・メンテナンス性も向上できる。

◢ アッセンブリー・セル・システムのメリット

　ACS のメリットは、平田機工だけではなく、顧客企業にも大きい。生産ラインが工場に設置された後にも、工具を付け替えるだけで別の作業ができるため、専用機のように、機械そのものを入れ替える必要がない。エンジン組立作業が終わった後、別の作業も可能になる。このように、品種切り替え、将来のライン変更に柔軟に対応できる生産ラインのフレキシビリティのメリットは大きい。これに加えて、ラインの総延長も短くなり、生産量に応じた装置台数増減やレイアウト変更も容易になる。

第10章

　海外にマーケットを広げている平田機工だが、特に海外の大手自動車メーカーは平田機工の多能工化システムを高く評価している。既に日米の大手自動車メーカー各社が ACS を導入している。

　生産ラインのモジュール化には、顧客ニーズの多様化による変種変量生産にも柔軟に対応できるメリットがある。モジュールを組み合わせることで、顧客企業ごとに異なる生産ラインへの要望に対応できるからである。このように大量生産のメリットを享受しながら、顧客へのカスタマイゼーションを可能にする方法をマス・カスタマイゼーションという（Column10 - 2）。

Column10 - 2

マス・カスタマイゼーション

　マス・カスタマイゼーションは、大量生産を意味するマス・プロダクションと顧客のニーズに合わせて開発・生産するカスタマイゼーションのいいとこどりをした概念である。メーカーは製品を大量に生産することで、規模の経済性を享受し、製品1個当たりのコストを下げることができる。一方、顧客の好みに合わせて製品をカスタマイズすることは、顧客からみれば魅力的な製品となり、それに対し高い対価を払う。しかし、つくる側としては、顧客ごとに設計、生産することでコストが上がると同時に大量生産の妨げになる。このように大量生産とカスタマイゼーションは、企業にとっては両立し難いトレードオフ関係にある存在であった。

　しかし、以下の2つの戦略を用いることで、マス・カスタマイゼーションが実現できる。1つは、設計のモジュール化であり、もう1つは、最終製品化の延期戦略である。

　設計のモジュール化は、あらかじめ標準化、共通化された部品を用意し、顧客ごとに異なる最終製品を、なるべく共通部品を用いてつくることを意味する。これによって、共通部品の生産に規模の経済性が効きやすい。平田機工のACSの例では、工程で使う装置や部品を共通化することで、量産効果を実現している。生産ラインのモジュール化で、多品種生産に対応できる。

　一方、最終製品化の延期戦略は、顧客のニーズに合わせて製品をカスタマイズすることを、できる限り遅いタイミングで行う戦略である。この戦略は、多品種生産だけではなく、完成品の在庫削減にも役立つ。例えば、セーターは色を染めて完成品になる。しかし、工場で色を染めて市場に運ぶ場合、市場ごとに必要な色別の在庫量が異なり、品切れと余剰在庫が同時に発生する。セーターを色ごとに工場で染めてから各市場に運ぶのではなく、各市場での売れ筋を見極めながら、売れている色を市場の近くにある物流センターなどの拠点で染めて販売すれば、完成品の品切れと余剰在庫を同時に削減できる。この場合、まだ色を染めていないセーターは、共通化された部品と解釈できる。

4 スマートファクトリー

自律的な工場に向けて

　皆さんはスマートファクトリーという言葉を聞いたことがあるだろうか。直訳すれば、賢い工場という意味だが、普通の工場とは何がどう違うのだろうか。例えば、ヒトのいない工場のことだろうか。

　工場の賢さを判断する明確な基準はないが、その1つとして考えられるのは「自律性」である。自律的な工場というのは、工場が自分の判断でものづくりの全体最適化を行うことを意味する。そして、その自律性を高めるためのカギを握っているのが、デジタル技術である。企業の従来のやり方をデジタル技術で変革させるDX変革に取り組んでいる工場は、未来型の工場として自律的な工場を目指しているといっても過言ではないだろう。

コグニティブ・ファクトリー

　平田機工では、2018年、製造業のスマートファクトリー化やものづくり現場のプロセス改革を推進するソリューションである「コグニティブ・ファクトリー（Cognitive Factory）」を、株式会社インターネットイニシアティブ社（IIJ）と共同開発した。

　コグニティブ・ファクトリーは、ネットワーク、クラウド、セキュリティなどの情報通信技術（ICT）を活用し、ものづくり現場のDX変革を促進するソリューションである。同時に、IoT・AI技術を活用することで、生産管理の自動化・最適化を図りプロセス改革を実現する。さらに、販売力、供給力、人材育成・継承や安全保証などの付加価値創出・最大化を推進し、未来の工場づくりに向けた経営戦略の実現を強力にバックアップする。以下の**図10 - 4**は、コグニティブ・ファクトリーの全体像を紹介している。

　コグニティブ・ファクトリーの目的は、工場の見える化を通じて、最終的に自動化、自律化につなげていくことである。「わかる」、「認知する」のコグニティブか

【図10 - 4　コグニティブ・ファクトリーを実現する４ステップ】

実現ステップ	ソリューション例
STEP01 つながる 生産活動を効率化	1. 人と人をつなぐ（チャット/ファイル共有） 2. 人と機械をつなぐ（ネットワークカメラ） 3. 機械をつなぐ（後付けセンサー）
STEP02 まとめる 情報管理の自動化	1. データをまとめる 2. 問題や課題をまとめて整理する 3. 必要な人に知らせる
STEP03 活用する "知る"を自動化	1. PDCAの「Check」をAIで自動化する 2. 「見える化」「分かる化」を進化させる
STEP04 自動最適化 PDCAを自動化	1. 管理の「PDCA」が自動化・最適化される 2. ワンプロダクティビティと多品種大量生産の実現

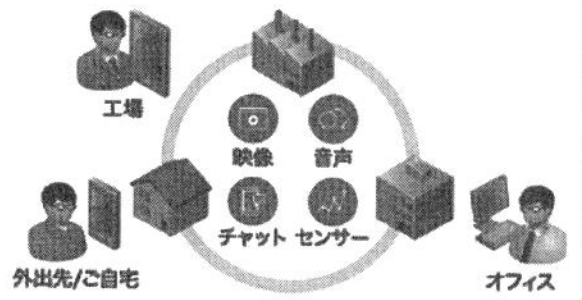

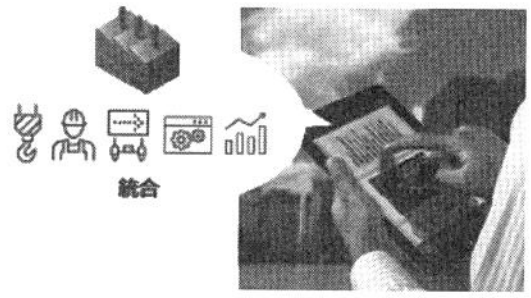

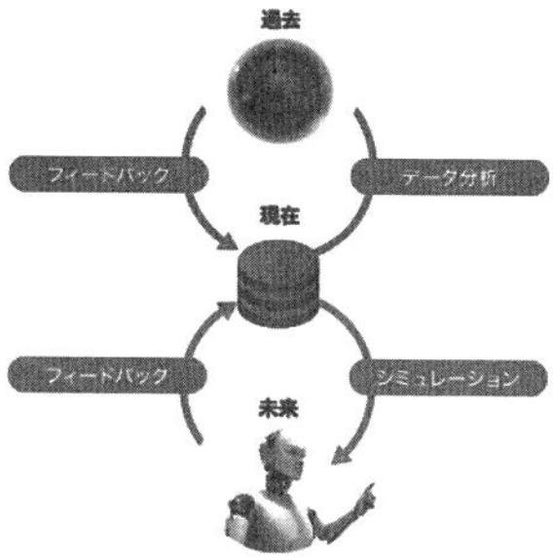

出所：インターネットイニシアティブの許可を得て掲載。

ら、コグニティブ・ファクトリーは、自律性を持って判断する工場を意味する。

　コグニティブ・ファクトリーを実現するためには、工場のデジタル化・見える化から、データ分析・活用、自動最適化までを行う４段階のステップが必要となる。

　第１段階では、人と人、人と機械、機械同士が「つながる」ことで生産活動の効率化が実現できる。業務に関する指示、報告、連絡、相談を、ビデオ通話やチャットなどのコミュニケーションツールを利用して、相手の状態を気にせずにできるようになる。また、人と機械をつなぐことに関しては、工場全体や設備の動き、操作盤の状態、人の動き、在庫の状態などを、ネットワークカメラを通していつでも見たり聞いたりすることができるようになる。一方、センサーを利用すれば機械同士をつなぐことも可能である。既存の設備に簡単に設置できるセンサーを後付けする

ことで稼働状況はもちろん、生産完了した製品の数などをモニタリングできるようになる。これらを実現するためには、業務、データのデジタル化を必要とし、技能と知識のデジタル資産化を推進する環境を整えることが重要となる。

　第2段階では、データ、問題や課題を「まとめる」ことで情報管理を自動化していく。センサーから自動取得したデータをはじめ、生産計画や実績、設備の稼働状況などを一元的に収集・蓄積し、安全に長期保存することができるようになる。ここで収集したデータは、調査や分析のためにも利用できる。また、生産、品質、設備、保全管理や製品のトレーサビリティに関する情報管理も自動化される。まとめた情報をダッシュボード上で見える化し、工場の状態を直感的に分かりやすく表示する。もし工場のトラブルを検知したら、自動ですぐに人や設備に通知することで、初期対応を早めることができるようになる。

　第3段階では、「活用する」を通じて「知る」を自動化する。生産ラインから取得したデータを人工知能などの解析技術を用いて分析し、設備故障や部品交換の予測、歩留まりや設備稼働率の向上など、生産工場全体の合理化に活用する。人工知能がPDCAサイクルのC（Check）を行い、人に代わって問題点や改善すべき点を発見・報告する。人工知能だけではなく、VR（仮想現実）システムも活用することで、見える化を進化させ、作業者を支援する。

　最後の第4段階では、「自動最適化」を通じて、PDCAサイクルを自動化する。この段階では、計画作成から、現場のフィードバック情報をもとにしたアクション実施まで自動的に回される。これにより、無駄がなく効率的な工場管理が実現される。管理そのものが自動化、最適化されるレベルである。

　さらに、世界中の工場と営業がリンクすることで、複数の工場があたかも1つの工場のように、生産能力を世界規模で調整できるようになる。そして完全自動化された工場では、特注品が標準品と同様のコストと納期で生産されるマス・カスタマイゼーションが実現される。

リモートへの対応

　平田機工は、近年、VRシステムを導入し、顧客とのコミュニケーションツールとして活用している。VRゴーグルで、実在の装置やレイアウトを体験し、完成する予定の工場のイメージに入り込むことや、バーチャルでの装置確認、サイズ、メンテナンスの確認も可能である。このように、VRシステムは、様々な視点から設

第10章

備を実寸法で確認することができるため、非対面で情報を共有できるメリットをもつ。

　ネットワーク上でのリモート対応は、新型コロナウイルス禍で効果を上げている。平田機工は、顧客が来社しての設備確認が困難なため、オンライン立ち会いを実施している。360度カメラによる設備確認を導入し、これまで静止画では見えなかった、設備に隠れた配線の接続部分や、ハンディスキャナー等の使用機器の位置などが、顧客目線で、かつ顧客自身の操作で360度自由に確認することが可能となった。

　以上の平田機工のコグニティブ・ファクトリー事例を通じて、スマートファクトリーがもつ自律性の特徴と、その自律性を高めるためのデジタル技術の重要性がわかった。しかし、自律的な工場に対する人間の役割についても考える必要がある。

◈ 人に優しい工場

　平田機工は、創業初期の1959年からベルトコンベアを製造していた。創業者は、イギリス出身の映画俳優 C. チャップリンが主人公を演じる映画「モダン・タイムス」を観て、人間が機械に翻弄される姿に大きな衝撃を受けたという。これをきっかけに、経営のモットーは、機械に任せられることは機械に任せて、人間は創造的な仕事をするべきとした。つまり、最先端の生産システムは「人に優しい」システムでなければならない。平田機工の造語である「活人倍力」という言葉も、設備の自動化によって人を減らす省人省力ではなく、付加価値の低い仕事は機械に任せ、人はより付加価値の高い仕事に就くことで、人を活かすことが可能になるという考え方を表している。平田機工は、最近、作業員を単純作業から解放するために、生産ロボットによる完全自動化の工場生産設備の構築を手掛けている。

5 おわりに

　本章では、平田機工の事例を通じて、ものづくり現場において、企業の従来からのやり方や考え方を、デジタル技術で変革させる取り組みについて説明した。同社は、工場をまるごと受注して生産するラインビルダーとして、設備の機械部分だけではなく、その動きの制御や生産量の測定などを行うソフトウェアまでつくって、生産システムとして納入する工場のプロデューサーである。

　製造業のデジタル化のあるべき姿は、エンジニアリングチェーンとサプライチェーンが相互に連携し、データのやり取りもスムーズに行われることであるが、製造業には人手不足、設備の老朽化といった課題があるのが実情である。

　平田機工は、顧客の生産現場が抱える課題を解決するために、生産ラインのモジュール化とスマートファクトリーに取り組んでいる。生産ラインをモジュール化するために、既存の考え方を変えて、スタンダードを組み合わせてスペシャルをつくる方法を創造した。それがアッセンブリー・セル・システムである。そして、スマートファクトリーの取り組みとして、コグニティブ・ファクトリーについて説明し、工場のデジタル化、見える化から、データ分析と活用、自動最適化までを行う4段階のステップが必要であることについて学んだ。最後に、最先端の生産システムが人に優しいシステムでなければならないということを強調した。

❓ 考えてみよう

① 　従来、メーカーが自ら生産ラインをつくることが一般的だった。顧客企業の立場からみて、ラインビルダーに生産ラインを発注するメリットには何があるか、考えてみよう。

② 　生産ラインのモジュール化が難しい製品と産業にはどのようなものがあるか、考えてみよう。

③ 　平田機工以外の企業で、オンライン立ち会いを活用している事例を挙げて、どのような製品とサービスであるか、考えてみよう。

第10章

主要参考文献

藤本隆宏、武石彰、青島矢一編著『ビジネス・アーキテクチャ：製品・組織・プロセスの戦略的設計』有斐閣、2001年。

Feitzinger, Edward and Hau Lee. "Mass customization at Hewlett-Packard: The power of postponement," *Harvard Business Review*, 75, 116-123. 1997.

次に読んで欲しい本

☆製造業におけるDX変革について、詳しく学ぶには…。

　経済産業省、厚生労働省、文部科学省『ものづくり白書（2020年版）』2020年。

☆マス・カスタマイゼーションについて、詳しく学ぶには…。

ジョー・パイン（坂野友昭ほか訳）『マス・カスタマイゼーション革命─リエンジニ
　アリングが目指す革新的経営』日本能率協会マネジメントセンター、1994年。
☆モジュール化について、詳しく学ぶには…。
　藤本隆宏『日本のもの造り哲学』日本経済新聞出版、2004年。

第 Ⅲ 部

データでつなぐ価値創造

·

第 11 章

ビジネス・エコシステム

：楽天

第1章
第2章
第3章
第4章
第5章
第6章
第7章
第8章
第9章
第10章
第11章
第12章
第13章
第14章
第15章

1 はじめに

　今、世界で最も有名な企業はどこだろう。20年前には、ほとんど知られていなかったGAFA（Google, Amazon, Facebook, Apple）や楽天といった企業は、今では誰もが知る企業となった。世界中の人々は、なぜ、進んでGAFAが提供するサービスを利用するのであろうか。このサイトにアクセスすれば、欲しい情報が手に入るし、その場でモノを購入したり、その支払いまですぐにできてしまう。例えば、楽天のサイトにアクセスすれば、あらゆるジャンルの買い物ができるし、コンサートのチケット手配、ホテルの予約、保険、金融、医療など、様々なサービスを受けることができる。このように、誰もが簡単にアクセスできる仕組みをプラットフォームと呼ぶ。プラットフォームを介して、様々な企業が共存するオープンな市場においてビジネスが行われる場をエコシステムという。

　本章では、デジタル時代のビジネスモデルと戦略について学ぶ。まず初めに、エコシステムという概念について説明する。次に、デジタル時代のビジネス戦略、DX変革（デジタルトランスフォーメーション）という概念について説明する。エコシステムを作り上げると、そこでは多くの顧客を集めることにより、ビジネスを拡張していくことができる。エコシステムを築き上げるためには、DX変革によってあらゆる規模の会社がビジネスモデル、社員、組織構造、企業文化など、大きく変化する必要があることを学ぶ。

2 事例：楽天

◉ 国家レベルのエコシステム

　デジタル化について考えるとき、エコシステムという概念を理解する必要がある。日本を含め世界中の国では、デジタル化を強力に推進している。その中でも、エストニアは、デジタル化が最も進んだ国として知られている。エストニアは、人口約132万人のバルト三国の１つであり、大きな国ではない。しかし、デジタル化と

いう面では、世界最先端といえる政府を実現しており、国民は、ネットワークを通じてあらゆる行政サービスを受けることができる。

　ヘルスケア分野でのデジタル化は特に進んでおり、e-Health と呼ばれる医療データのデジタル化を世界で初めて実用化し、2020年には、医療機関でははは100％、データがデジタル化されるようになった。この e-Health の仕組みは、ブロックチェーンの活用により安全性が保証されており、エストニア国内のすべての病院や大学、行政機関が医療データにアクセスすることが可能になっている。そのために、極めて効率のよい医療体制ができあがった。

　また、エストニアでは、確定申告、選挙の投票、出生届、引っ越しにかかわる手続きなど、政府からのサービスをすべてオンライン上で受けることができる。こうして、個人情報に縛られることなく、政府と国民のネットワークが形成されるようになった。このように、従来の国家の枠組みを超えて、ここに参加する者全体にかかわる新たな仕組みをエコシステムという。

◉ 楽天のエコシステム

　エコシステムは、国家レベルのような大きな規模に限るものではない。産業レベルでも新たなエコシステムが実現している。従来の産業の枠組みとは、多くの企業から形成される産業の中での企業間の競争や協調関係を指す。近年、大企業やベンチャー企業を中心に、企業間関係からなる、今までになかったエコシステムの事例が見られるようになった。

　例えば、楽天グループ株式会社は、日本企業としては数少ない、エコシステムの事例である。図11－1にそのエコシステムを示している。楽天市場を中心に、通信、証券、保険、損保、銀行など、70以上のサービスを展開している。キーとなるのは、「楽天ポイント」である。楽天のサービスを利用すると、楽天ポイントが溜まる仕組みになっており、ポイントを「お金」として使える。このエコシステムには、消費者だけではなく、楽天でモノを販売するサプライヤーやサービスプロバイダーなどもエコシステム形成のメンバーとなっている。楽天は、従来の企業間関係に縛られることなくエコシステムを作り上げ、年間売上高１兆円を超える企業へと成長した。

【写真11-1　楽天本社】

写真：5959224/photolibrary

【図11-1　楽天のエコシステム】

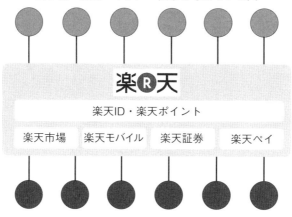

出所：楽天ホームページをもとに著者作成。

3 エコシステム・ドライバー

　楽天を知らない人に「楽天は何をしている会社ですか？」と質問しても、なかなか回答が返ってこない。一方、トヨタと言えば自動車、パナソニックは大型テレビや洗濯機といった家電製品、ソニーはゲーム機というように、昔から存在する企業は、その業容を説明しやすい。デジタル時代を迎え、新たな仕組みで収益を上げる企業を次世代型企業としよう。

　デジタル化の時代では、いかに過去に成功した企業でも、同じやり方をしていては次世代型企業の標的になってしまうことが起きる。デジタル社会で成功するには、会社の規模を問わずあらゆる企業がビジネスモデル、従業員、組織構造、競争優位性、企業文化を見極め、自社を改革し、やり方を大胆に変更する必要がある。こうした改革は、日本では、歴史のある大きな企業ほど不得意である。デジタル化した社会の中で、新たなエコシステムを立ち上げていく企業を、エコシステム・ドライバーと呼ぶ。エコシステム・ドライバーとはどのような企業なのか、どのようにすればなれるのか、考えてみよう。

🌀 次世代型企業

　デジタル時代に成功する企業には、①ベンチャー企業、②新たなビジネスモデルを構築した伝統企業、③業界にこだわらない仕組みの企業、という３つのタイプがある。次世代型企業として成功するためには、過去の成功体験は必要としない。本項では、新たなビジネス・エコシステムの構築を成し遂げた次世代型企業とはどのような企業なのかを考えてみよう。

① ベンチャー企業

　今までにないビジネスモデルの構築能力とデジタル技術を発揮して、新たなビジネス・エコシステムを構築する企業は、デジタルスタートアップスと呼ばれるベンチャー企業である。Uber や Amazon といった企業が、よく知られた事例である。

第11章

② 新たなビジネスモデルを構築した伝統企業

既存企業が新たなビジネスモデルを構築し、顧客への訴求を飛躍的に向上させるケースも存在する。例えば、女性用下着メーカーのワコールは、かつては「神の手」と呼ばれる販売員や職人の仕事を、デジタル化やインターネットでの販売、百貨店との協業など、オムニチャネル化して販売することで、伝統企業においても事業転換を成し遂げた（第7章参照）。

③ 業界にこだわらない仕組みの企業

ある業界で成功している企業が、デジタル変革を通じて新たなビジネス領域や他の業態に進出することがある。例えば楽天は、インターネット販売の楽天市場だけでなく、銀行や保険、損保など様々な分野にビジネスを広げている。

以上のように、規模、歴史、業態に関係なく、様々な会社が、独自のデジタル戦略を駆使し、新たなエコシステムを創造することで、次世代企業となっている。

◉ エコシステム・ドライバー

楽天の事例では、楽天ポイントの所有・使用状況の把握が、顧客管理のキーとなっている。展開する多様な事業間で共有されるデータによって、ビジネスをどのように組み立てていくのか、それによってどうビジネスを展開していくのか、ビジネスそのものをきちんと設計していくことが重要な戦略になっている。

DX変革によるパラダイムシフトとは、今まで存在しなかったものを作り出し、人々の常識や社会全体の価値観に劇的な変化をもたらせていくものである。MIT（マサチューセッツ工科大学）のP. ウェイルはこれをエコシステム・ドライバー（ecosystem driver）と表現している。デジタル技術自体は、どの企業でも、クラウドやAIを導入すれば大きな変革を望める。しかし、デジタル技術だけで他社との競争優位性を築けるわけではない。エコシステム・ドライバーというのは、デジタル技術によって、顧客にとって魅力のあるモノやサービスを提供し、今までにない仕組みを創造することができる企業のことを指す。エコシステム・ドライバーこそが、次世代企業なのである。

図11-2にデジタル時代のビジネスモデルを、2つの次元から説明している。

【図11－2　エコシステム・ドライバー】

誰が主要な意思決定をコントロールしているか？

完全

最終顧客についての知識レベル

部分的

オムニチャンネル	エコシステム・ドライバー
・顧客とのリレーションシップを手の内に入れる ・製品やチャネルを超えた顧客体験を創造 ・顧客がチャネルを選択 ・統合されたバリューチェーン	・エコシステムの統括者 ・最高の顧客体験を保証する ・顧客とのやり取りからデータを収集 ・顧客のニーズと製品・サービスの提供者をマッチング ・場の使用料の徴収
サプライヤー	モジュラー・プロデューサー
・他の企業を通じて販売 ・今後、影響力低下の可能性 ・コアスキル・低コスト製造、漸進的なイノベーション	・"プラグ・アンド・プレー"製品／サービス ・どのエコシステムにも適応可能 ・製品／サービスを常に革新

顧客の属性、自社および他社からの購買履歴、顧客がしたいことをどれほど知っているか？

バリューチェーン　　　　　　　　　　　エコシステム

ビジネスデザイン

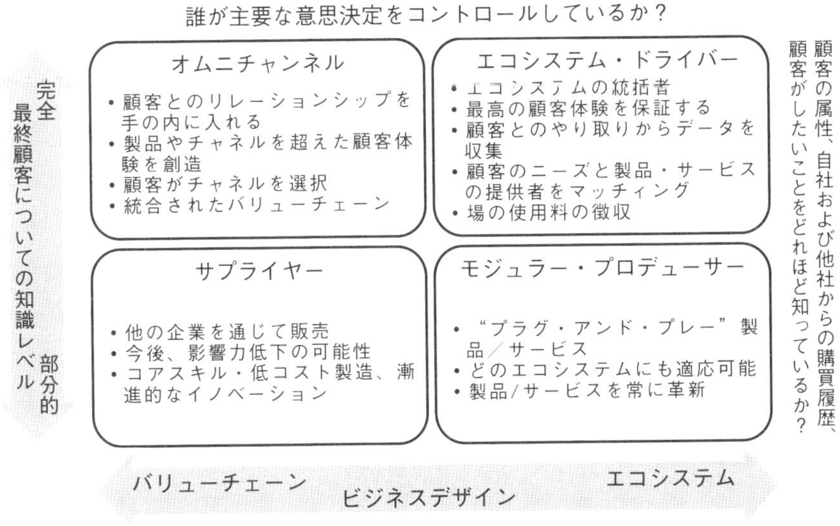

出所：ウェイル、ウォーナー（2018）をもとに著者作成。

　まず、図の横軸はビジネスデザインを示している。これは、誰が主要な意思決定をコントロールしているのかという次元である。自社は独自のエコシステムを構築しているか、あるいは、大企業のバリューチェーンを構成するサプライヤーなのかという分類ができる。例えば、ブランド、契約内容、価格、知的財産権、規制など、多くの要因によってビジネスの質が変わってくる。もう1つは、最終顧客に対する知識レベルについての次元がある。これは、顧客の属性、購買履歴など、顧客についてどれほど知っているか、という次元である。この2つの次元を掛け合わせると4つのビジネスモデルが出来上がる。

　まず、図中、左下のサプライヤーは、大企業のサプライチェーンに組み込まれた中で事業を行う企業である。自社が属するバリューチェーンの最終顧客に関する情報を部分的にしか入手できていない、BtoB、あるいは、BtoCのビジネスモデルである。小売業者などの流通を通じてテレビを販売するソニーやパナソニックのような電機メーカーが相当する。社会全体のデジタル化が進むとサプライヤーの影響力は低下し、継続的な値下げ要求にさらされ、業界再編などが起こることが予想される。

　次に図中左上に位置するビジネスモデルはオムニチャネルである。これは、デジ

第11章

タルによるチャネルを含め、複数のアクセス方法で顧客が自社製品を購入することができるようになり、より豊富な選択肢を顧客に与えることができるビジネスモデルを指す。例えばユニクロのようなアパレル企業は、独自の路面店だけではなく、ネット販売やショッピングモールなど、様々な販売チャネルでの購入ができるオムニチャネル企業になることを目指している。なぜならば、販売を流通に任せるサプライヤーではなく、自ら顧客と触れることにより、より顧客に近づいたビジネスを目指すことができると考えるためである。

　次に図中、右下は、モジュラー・プロデューサーと呼ばれ、エコシステムに適用するシステムを手掛けるビジネスモデルである。よく知られた事例として、ペイパル社がある。ペイパルは、個人間の決済や、クレジットカード会社の加盟店になれない中小、零細企業、クレジットカードが使えないなどクレジットカード決済ができない企業や個人に代わって決済を行う仕組みを提供している。ほとんどすべてのエコシステムに対応しており、ペイパル自身がエコシステムの表に立つことはなく、システムの提供を行う企業である。ペイパルはアカウント数、1億以上、また利用できるオンラインショッピングは900万点以上あり、203カ国、26通貨に対応する世界規模で広く利用されているサービスである。

　最後に、図の右上にあるのがエコシステム・ドライバーである。エコシステム・ドライバーは、特定のビジネス領域において、顧客から真っ先に指名される存在であることが求められる。そのビジネス領域を決めることがエコシステム・ドライバーの最も重要な意思決定となる。例えば、セブン-イレブンのビジネス領域はコンビニエンスストアであるが、多くの顧客が毎日の生活のニーズを満たす目的地となっている。GAFAや楽天もそれぞれのビジネス領域で、顧客の目的地となっていることは理解できるであろう。

　エコシステム・ドライバーになるためには、選択したビジネス領域において、扱う製品やサービスにおいて突出した、① QCD（品質、価格、供給能力）、②顧客体験、③ビジネスを行うプラットフォーム、という3つの要素がすべてトップクラスのパフォーマンスでなければならない。それぞれのハードルは高く、簡単に達成できるものではないが、エコシステム・ドライバーと呼ばれる企業は、高い企業成長率、利益率、また市場からの評価による高い時価総額を達成している。

第11章

Column11 - 1

エコシステム・ドライバー

　マサチューセッツ工科大学のP.ウェイル教授らが提唱しているデジタル・ビジネスモデルのフレームワークである。エコシステムとはプラットフォームを介して、様々な企業が共存するオープンな市場でのビジネスが行われる場である。一方、エコシステム上でどのように顧客と接するかという点も重要である。バリューチェーンとエコシステム、顧客との関係性の深さという2つの軸から説明し、デジタル時代の企業を4つのビジネスモデルから説明している。
① 　サプライヤー（バリューチェーン・顧客との関係性；部分的）
　BtoB、BtoCビジネス、いずれにおいても、サプライチェーン上で、部品や製品を流通を通じて商品を販売する企業を指す。
② 　オムニチャネル（バリューチェーン・顧客との関係性；完全）
　オムニチャネルは、企業が顧客のデータを保有し、複数のチャネルを横断して顧客がその企業と取引できるようになることを指す。
③ 　モジュラー・プロデューサー（エコシステム・顧客との関係性；部分的）
　複数の他社のサービスの中に、競合他社のサービスと一緒に組み込まれ、サービスを提供する企業を指す。
④ 　エコシステム・ドライバー（エコシステム・完全）
　オープンなサプライチェーンを形成し、最終顧客との関係は完全である企業を指す。
　エコシステム・ドライバーとは、自社の範囲を超えて、世界中の企業とオープン・イノベーションを行い、サプライチェーンを高度化していくことができる企業を指す。P.ウェイルはこれを「エコシステム・ドライバー」と命名した。多くの企業とのオープン・イノベーションを基にエコシステムを自ら作り、それをドライブしていく企業をエコシステム・ドライバーという。企業のDX変革は、エコシステム・ドライバーを目指すだけではない。サプライヤーがオムニチャネルやモジュラー・プロデューサーを目指すことも、企業のDX変革である。

● デジタル時代の競争優位

ハーバード・ビジネススクールの経営学者、M.ポーターは、競争優位戦略の基

本として、「コスト・リーダーシップ」「製品差別化」「選択と集中」の３つを挙げている。製造業でもサービス業でも、いずれかの戦略を取ることで、企業は競争優位性を発揮できるという。まず、この競争優位という概念を説明しよう。コスト・リーダーシップとは、ライバル企業よりも低コストで製品を生産することにより価格優位性を保ち、収益を確保する戦略である。製品差別化とは、自社しかできない製品やサービスにより競争優位を獲得する戦略である。品質やデザイン、ブランド、サービスや宣伝・広告による差別化の方法がある。選択と集中とは、自社のサービスや製品が競争力を発揮できそうなサービスや製品に経営資源を集中し、その市場に対し、魅力的なコストや製品品質を提供し、競争優位性を獲得する戦略である。

　それでは、デジタル化が進んだ現在においても、上記の戦略は通用するのであろうか。もちろん、基本的には通用するであろうが、デジタル化の時代では、EC市場は巨大でグローバルな市場であるため、想像以上の価格競争に巻き込まれたり、サービスや製品が簡単に模倣されることもあるであろう。さらには、自社の能力で狙えるターゲットセグメントが小さすぎて、市場占有率が高まらないといった問題が想定できる。

　それでは、デジタル化時代の競争優位性とはどのようなものであろうか。エコシステム・ドライバーについて、① QCD（品質、価格、供給能力）、②顧客体験、③プラットフォーム、という３つの要素がすべてトップクラスのパフォーマンスを示す必要性を指摘した。①の QCD の優位性は、「コスト・リーダーシップ」「製品差別化」「選択と集中」という従来の条件に他ならない。

　デジタル化時代は、顧客との関係性を構築し、顧客の意思決定を促す仕組み、例えば、レコメンデーションやダイレクトプライシングといったサービスの優位性が重要な役目を果たす。また、こうしたサービスや製品を実際に取引する仕組みをプラットフォームというが、そのアクセスのしやすさ、使いやすさなども重要な差別化要素となる。これらは、すべてデジタル化時代のビジネスモデル特有の差別化要因である、つまり、エコシステム・ドライバーとなるための構成要素である、製品・サービス、顧客との関係性、プラットフォームにおいて、競争優位性が決まるのである。

Column11 - 2

プラットフォーム

　「プラットフォーム戦略」というキーワードを聞いたことがあるであろう。例えば、Amazon や Google、楽天市場といった EC サイトや、YouTube や Facebook、Instagram など、デジタルコンテンツを扱うポータルサイトに毎日のように触れている。ビジネスの世界では、プラットフォームを成功させれば、大きな収益が見込めるという考え方が定着している。プラットフォームとは、電車の駅・舞台などを意味する英語であり、ビジネス用語として使う場合は、サービスやシステムを動かすための土台・基盤を表す。ビジネスにおけるプラットフォームとは、Amazon や楽天、facebook といった EC サイトやポータルサイトなど、web 上で提供される様々なサービスの基盤を指す場合をオンライン・プラットフォームと呼ぶ。

　一方、パソコンに組み込まれる、Microsoft の Windows や Apple の macOS、さらに、スマートフォンで使われる Google の Android、Apple の iOS などで使用される OS は、ソフトウエア・プラットフォームと呼ぶことがある。

　プラットフォーム戦略とは、売り手（サプライヤー）と買い手（顧客）に関係する多くのニーズとシーズを橋渡しするビジネス戦略である。多くの企業から商品やサービスを集めることで、世界中をカバーするような商圏を形成することもできる。一方、消費者からすると、アカウントを取得すれば、様々なサービスを受けられることが特徴となる。現在では、プラットフォームは業種を問わず存在し、GAFA を代表的な事例として、多くの成功事例がある。

　プラットフォーム戦略では、中心となる企業はプラットフォーマーと呼ばれ、サプライヤーと顧客の仲介を行う。図11 - 1からもわかるように、プラットフォームを間に入れた取引が特徴となる。プラットフォームでは、ユーザー数が多くなるほど商品やサービスの価値が高まるネットワーク効果が期待でき、短期間で多くの顧客を獲得することにより、商品やサービスの価値を高めることができる戦略である。

第11章

4 DX変革（デジタル・トランスフォーメーション）

◍ DX変革の重要性

　DX変革（デジタル・トランスフォーメーション）は、2004年にスウェーデン、ウメオ大学のE.ストルターマン教授によって提唱された。当初のDX変革は、社会という大きな視点より情報技術をとらえ、デジタル技術により人々の生活をより良くしていくことを目指した概念であった。多くの国が、DX変革を強く推進する背景には、承認システム（日本では印鑑制度など）の老朽化・複雑化、改革に対する経営陣の非積極性、組織構造の硬直化など、その国が有する古い慣行、つまりレガシーシステムの払拭という目的でDX変革を捉えている。一方、企業が取り組むDX変革は、デジタルテクノロジーの進展により劇的に変化する産業構造と、新しい競争原理をビジネス上の機会、または事業継続上の脅威と捉え、対応する必要性を中心に据えている。

◍ デジタル化からDX変革へ

　毎日の生活の中で、「デジタル化」という言葉を聞く機会が増えた。ここで、デジタル化（Degitization, Degitalization）とは何か、考えてみよう。本来の意味は、アナログ情報をデジタル情報に変換することであり、例えば、ファックスで送っていた文書を、メールで送るようになったこともデジタル化の例である。一方、ビジネスで用いる場合、意味合いが少し違ってくる。デジタルカメラの事例で説明しよう。アナログカメラは、フィルムをカメラに装着して撮影し、ネガフィルムを作製する。その後、ネガフィルムを用いて写真を現像するという手間がかかっていた。デジタルカメラは、撮った映像や動画をそのまま、スマートフォンに保存したり、友達と共有するなど、様々な利用ができる。ビジネスで考えるデジタル化とは、今まで手間がかかるプロセスを簡素化したり、情報や体験を共有するなど、大量のデータから新しい価値を見つけて、今までにないモノやサービスを提供することを意味する。

　こうしたデジタル化は、我々の生活のなかでよく見かけるが、多くは、GAFA のような海外企業によるサービスの提供が多い。ではなぜ、日本企業の多くは、デジタル化した環境下で強みを発揮できないのか、デジタル化した社会基盤上でも日本企業の強みを発揮できるシステムとはどのようなものか、こうした問いに答えを出すのが DX 変革の目的である。**図11‐3**は、デジタル化と DX 変革について示した図である。この図には、デジタルに纏わる概念がいくつか示されている。

【図11‐3　デジタル化と DX 変革】

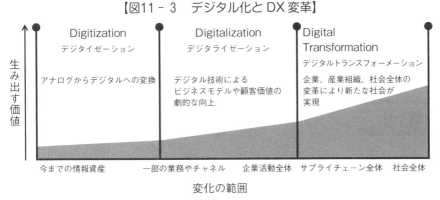

出所：P. C. Verhoef et al（2019）を参考に著者作成。

　まず、デジタル化（Degitization）である。これは、アナログからデジタルへの変換を意味する。例えば、レコードが CD に、カメラの画像情報はフィルムから IC カードに進化したように、アナログからデジタルへの多くのイノベーションが起こった。さらにデジタライゼーション（Digitalization）という概念がある。これは、デジタル化によるビジネスモデルや顧客価値が劇的に向上することを指す用語である。例えば、Amazon や楽天といったプラットフォームの構築などをイメージすれば分かりやすいであろう。

　それでは、DX 変革とは何を指すのであろうか。すでに前項で述べたとおり、デジタル技術により人々の生活をより良くしていくことを目指した概念である。つまり、デジタル化はアナログからの変換を意味し、デジタライゼーションは企業全体に及ぶ劇的な変化を指す。DX 変革とは、産業間や社会全体の変化を意味し、SDGs といった環境問題や社会全体の生産性にも関係する、重要な概念なのである。

第11章

5 おわりに

　現代はデジタルエコノミーの時代であり、デジタル化された世界で成功するには、あらゆる規模の会社がビジネスモデル、社員、組織構造、企業文化などを大きく変える DX 変革に取り組まねばならない。本章では、楽天の事例などを通じて、エコシステムという概念を学んだ。そして、様々な事例を通じて、エコシステム・ドライバーについても学んだ。エコシステムとは、大企業やベンチャー企業を中心にした新たな企業間関係を指す。エコシステム・ドライバーというのは、デジタル技術によって、顧客にとって魅力のあるモノやサービスを提供し、顧客にとってまず最初に選択される企業である。

　自社独自のエコシステムを持つことにより、企業の成長性、収益力、売り上げなど、高い業績が望めることから、多くの会社がエコシステム・ドライバーを目指している。しかし、エコシステム・ドライバーを目指すことだけが DX 変革ではない。製品を販売するサプライヤー企業が、デジタル技術によってオムニチャネル企業を目指すのも DX 変革である。つまり、DX 変革とは、製品やサービスをどのように創造するかという技術の問題ではなく、会社をどのように変えるかという変化の問題なのである。

❓ 考えてみよう

① 　企業が DX 変革に取り組む意義について考えてみよう。

② 　同じビジネス・エコシステムでも、Amazon と楽天はどのような戦略上の違いがあるのか考えてみよう。

③ 　プラットフォーム・ビジネスをしている企業を列挙してみよう。その中で、最も気に入ったプラットフォームについて、なぜ気に入ったのか考えてみよう。

主要参考文献

マルコ・イアンシティ、ロイ・レビーン（杉本幸太郎訳）『キーストーン戦略 イノベーションを持続させるビジネス・エコシステム』翔泳社、2007年。

マイケル・G・ジャコバイズ（渡部典子訳）「エコシステム経済の経営戦略」『DIAMOND ハーバード・ビジネス・レビュー』45(2)、10-23、2020年。

Verhoef, Peter, Thijs Broekhuizen, Yakov Bart, Abhi Bhattacharya, Joh Dong, Nicolai Fabian, and Michael Haenlein. "Digital transformation: A multidisciplinary reflection and research agenda," *Journal of Business Research*, 122, 889-901. 2021.

次に読んで欲しい本

☆エコシステム・ドライバーについて、詳しく学ぶには…。

　ピーター・ウェイル、ステファニー・L. ウォーナー（野村総合研究所システムコンサルティング事業本部訳）『デジタル・ビジネスモデル—次世代企業になるための６つの問い』日本経済新聞出版、2018年。

☆プラットフォームについて、詳しく学ぶには…。

　福本勲、鍋野敬一郎、幸坂知樹『デジタルファースト・ソサエティ—価値を共創するプラットフォーム・エコシステム』日刊工業新聞社、2019年。

第11章

第12章

スマート農業
：クボタ

第1章
第2章
第3章
第4章
第5章
第6章
第7章
第8章
第9章
第10章
第11章
第12章
第13章
第14章
第15章

1　はじめに

　皆さんは農業についてどのようなイメージを持っているのだろうか。おそらく、重労働、単純作業、高齢化など、農業の厳しい面を思い描く人が多いかもしれない。このような農業に対するイメージに加えて、世界の農業は、人口の急増により、ますます高品質の農作物を安定的に生産・供給することが難しくなっている。食料自給率の高い国では、広大な土地を活かした大規模農業を行っている。広大な土地があれば地下から水を大量にくみ上げて農地にできるが、これには弊害もある。気候変動による水不足が深刻になり、年月が経つと農地として使えなくなることがある。一方、日本の農業は、農業就業者の減少、高齢化、さらには後継者の不在、食料自給率の低さなど、多くの問題を抱えている。日本では、こうした状態が続けば、輸入への依存度が増し、食糧危機に直面することになる。

　近年、農業のDX変革が、従来のイメージから脱皮し、持続可能なスマート農業として変貌できることを狙いとして活発に議論され始めている。農業のDX変革を支えるのが、情報通信技術やビッグデータの活用による営農情報の見える化、自動運転能力を備えた営農ロボットによって実現される農作業の自動・無人化である。本章では、株式会社クボタのスマート農業サービス、KSAS（ケイサス）の事例を中心に、DX変革が実現する持続可能なスマート農業について学ぶ。

2　事例：クボタ

◈ 農業ビジネスにおける課題

　1890年、大阪で創業したクボタは、2020年12月、約１兆9,000億円の売上を達成した。その中で、海外売上比率は68％を占め、グローバル企業として成長を遂げている。クボタは「食料、水、環境に関わる社会課題の解決」をミッションに事業を展開し、特に農業機械分野では世界第３位に位置している。

　しかし、現在、世界の農業は大きな課題に直面している。単に大規模化するだけ

【写真12－1　クボタ本社】

写真：クボタ提供

では生産効率は上がらなくなっているのである。例えば、アメリカではその多くが大規模農業であるが、農地が分散している農家も多い。農地が分散すると農作業を効率よく行うことができない。農地を移動しての作業も大変であるし、機材を移動するだけで、大変な労力と時間が必要になる。そのために、大規模農業は必ずしも高効率ではないということが分かってきた。日本では、小規模農家が多く、耕作地の区画が小さく形も不揃いなため、集合させ大規模農地化するのに適していない。また、農作物の品質を高め、出荷ぶどまり（インプットに対するアウトプットの比率）の向上を図らなければ経済的に成り立たない。アメリカのような大規模農業は、見方によっては高効率の生産方法であるが、農作物の品質低下による出荷歩留まりの低下は安定した農業にはつながらない。つまり、生産管理に力を入れ、収穫する農作物の品質を向上させ、出荷歩留まりを上げたほうが高収益につながることが分かってきた。

　一方、需要面からみると、世界人口の増加により農作物の消費量が急増し、いかに安定的、なおかつ持続的に高品質の農作物を生産・供給できるかが、世界の農業が抱える課題となっている。また、日本では、少子高齢化の進行や新規就農者の不足による就農人口の減少と、より農作物の生産コストを下げ、生産量や品質を高めていくかが重要な課題として認識されている。このように農業が抱える問題は、人間の労力を多く要し、若者を中心に新規就農者を増やすには魅力的な産業として定着できていないことが指摘できる。なお、仮に、若者が就農を志望しても、従来型

第12章

の農業では、農作業を通じて長年、蓄積されてきたノウハウや営農知識の移転は容易ではない。

◈ スマート農業

クボタは、農業が抱えているこのような課題を解決し、国際競争にも負けない日本の強い農業づくりを目指している。具体的には、2014年6月から従来の農業機械の製造・販売という売り切り型のビジネスモデルから脱却し、KSAS（KUBOTA Smart Agri System）というスマート農業サービスの提供を開始した。

農林水産省によると、スマート農業とは、ロボット技術や情報通信技術（ICT）等の先端技術を活用し、超省力化や高品質生産等を可能にする新たな農業のことである。超省力化は、農業において機械化・自動化を推進することで、人の手間や労力を省くことを意味する。

KSAS は、ロボット・ICT 技術、さらには地理情報システム（GIS：Geographic Information System）などの様々な最先端技術を活用し、圃場（ほじょう）・作業内容・収穫内容、農機械の稼働情報といった、営農情報を集約・連携させ、様々なデータを管理、活動することで、農業の改善を可能にするシステムである。ここで、圃場とは、実際に耕作されている農地を指す。既存の農業では、営農情報、知識、ノウハウは、いわゆる暗黙知として共有・移転が難しいとされてきた。それを、見える化・データ化することで農業のハードルを下げ、より科学的な管理を可能とするのである。

クボタのスマート農業を実現する核となる KSAS は、主に、圃場や作業などの営農情報の管理をサポートするシステムである「営農コース」と、KSAS 対応農機を管理できる「機械サポートコース」、全体のシステムをサポートする KSAS サーバーで構成されている。

「営農コース」では、パソコンやスマートフォンで、簡単に、圃場管理、肥培管理、作業計画、作業記録や作業進捗管理を行うことができる。最初にインターネットで圃場の位置を登録しておくと、圃場にかかわる土地情報は、レイヤーマップとして、一枚の圃場を数メートル程度のメッシュ状のエリアに分割して示すことができる。圃場ごとに必要な作業は作業員の端末に指示され、作業員は、当日必要な作業を行った後、進捗情報をシステムに記録する。KSAS の「営農コース」は、圃場管理者と作業者の間のよりスムーズな情報共有を実現し、無駄な作業を防ぎ、体

系的で一貫した圃場・作業管理を実現する。

　また、KSAS対応機と連動すると品質・収量の向上や機械の順調稼働をサポートできる。例えば、圃場によって収穫される米、麦、大豆などの穀物の食味や収量、施肥状況、生育状況といった様々なデータを蓄積し、活用することができる。食味は、コンバインに内蔵されている穀粒流量センサーを通じて、穀物のタンパク質、水分、穀粒サイズなどで測る。

　「機械サポートコース」で管理されるKSAS対応農機は、耕うん、田植え、収穫などの自動作業機能、また、自動運転機能を備えている。自動運転用のマップを作成すればマップに従って効率的な作業を機械が自動で行うシステムである。KSAS対応農機は、無線LAN、GPS（Global Positioning System）とセンサーを搭載し、収穫や生育などの各種データの収集とKSASレイヤーマップの指示に基づいた精密な作業を行う。

　その他にも、KSASはドローンでセンシングし、エリアごとの生育状況から水肥マップを作成したり、気象情報も合わせた防除時期を策定する。さらに、KSASを通じて手間のかかる水管理も高度化されている。圃場に立てた水位センサーで、リアルタイムで水位を観測し、遠隔操作により水門の開閉ができる。

　KSASサービスの全般を支えるシステムが「KSASサーバー」である。KSASサーバーは、ユーザーが登録した様々な営農データ、KSAS対応農機とKSASの営農情報システムからアップデートされる様々な情報を保存、管理、連携させる役割を担っている。**図12-1**　KSASの全体像を示している。

　KSASが実現するスマート農業はいくつか重要な意味を持つ。その1つ目は、自動化・無人化による超省力化である。今まで人間の労働力を求めてきた農業における単純作業、きつい作業を、農業ロボットが担うことで、人間の作業負担を大幅に軽減することができる。また、人間は農作業による手間を省くことで、より高度で高付加価値を生む業務に専念できる。

　2つ目は、精密農業の実現による農業の生産性の向上である。つまりKSASは、ノウハウのデータ化、農業経営の見える化、農業データの蓄積と分析、活用を図り、精密農業を実現する上で有益なツールである。KSASを通じて農作物の生産全般の管理や、農作物を活用した様々なビジネスの実現まで、一貫した経営管理を効率化することで、消費者が求める「安心・安全でおいしい農作業」の効率的な生産をサポートしている。

【図12‐1 KSASの全体像】

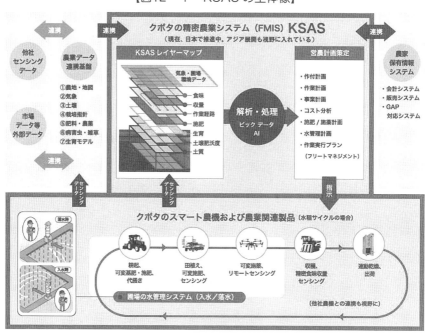

出所：クボタの許可を得て掲載。

3 農作業の自動化・無人化

◈ 就農者不足の問題

　農林水産省の「農林業センサス」によると、農業就業人口のうち、自営農業である「基幹的農業従事者」は、2010年度の約205万人から、2019年には約140万人まで減少しており、このような推移は今後も続くと予測されている。また、2020年において、日本の基幹的農業従事者は全部で136万3,000人規模で、うち65歳以上は、全体の約7割の94万9,000人と予想され、基幹的農業従事者の平均年齢は67.8歳である。一方、女性基幹的農業従事者は、そのうち54万1,000人で、全体の約4割に達している。農林水産省のデータから、日本の農業の営農人口は継

続的に減少しており、高齢化の割合が高く、女性営農者の割合は低いことが分かる。

　このようなデータは、日本社会全般の人口減少や高齢化の傾向とも深く関わっており、従来型の農業は人手がかかる作業が要求され、相当な労力・体力が要求される仕事であり、若者や女性に従事産業として好まれなかったことを示している。このように、農業が抱えている就農者不足の諸問題を解決するために重要なキーとなるのが、農機の自動・無人化を目指すスマート農業である。

農機の自動化・無人化のステップ

　農機の自動・無人化は3段階に分けて考えられている。レベル1は、オートステアリング、つまり、農機の自動操舵の段階である。レベル2は、有人監視での無人化や自動化である。レベル2までは、人が農機に搭乗し、現地監視を行う必要がある。最後にレベル3は、完全無人化の段階で、人が農機に搭乗し、現地監視を行う必要がなく、遠隔監視や操作を行う。**図12-2**は農機の自動・無人化の進化段階を示している。

　現在、農機の無人化・自動化はどれくらい実現されているのであろうか。クボタ

【図12-2　農機の自動化・無人化のステップ】

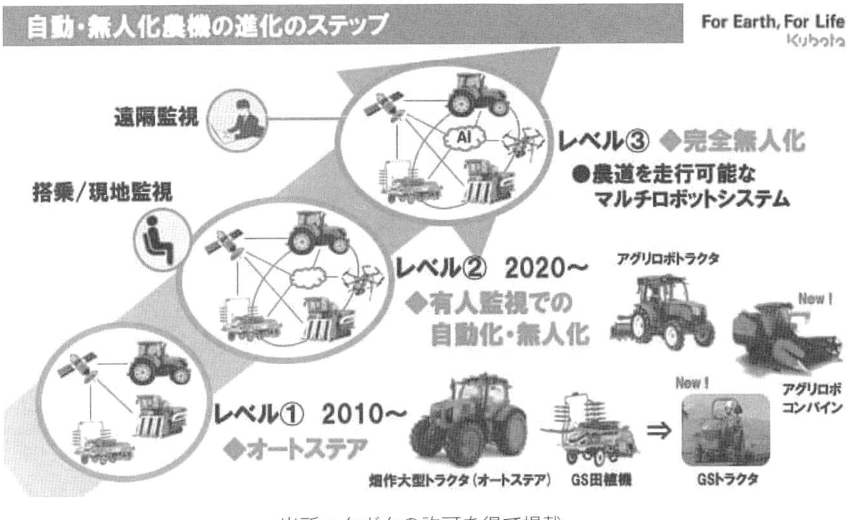

出所：クボタの許可を得て掲載。

は、レベル1の農機の自動操舵に関し、2010年からGPSで受信した位置情報を
もとに自動操舵できるオートステアリングシステムを内装した直進機能付きの田植
機やGSトラクターなどを実用化している。次に、レベル2に向けて、2020年か
ら、KSASと対応農機である「アグリロボトラクタ」や「アグリロボコンバイン」
を通じた、有人監視での自動化・無人化を実現した。現時点で農作業における完全
な自動・無人化は実現できていないが、クボタは、既により進んだ技術である遠隔
監視での無人運転と農道も走行可能なマルチロボットシステムの開発に取り組んで
いる。**写真12−2**は、クボタの最新のアグリロボトラクタ（コンセプトモデル）
を示している。

【写真12−2　クボタのアグリロボトラクタ】

写真：クボタ提供

　さらに、2017年6月から販売されているアグリロボトラクタは、主にレベル2
の無人化・自動化を実現しているが、部分的に単独での無人走行機能を備え、2台
での協調運転ができるようになっている。自動運転用のマップを作成すれば、アグ
リロボは、マップに従って耕うん、田植え、収穫などの農作業を自動で行うことも
できる。今後の技術開発に向けては、多様な地形や様々な農作業といった多種多様
な状況に対応できる自動化・無人化の実現が課題となっている。
　農機の無人化・自動化を推進する上で基盤となる技術には、衛星を介したGPS
技術、無線LANやセンサーの搭載で実現されるICTなどが挙げられるが、農機が
自動で作業が行う際に、周りの人間の安全を確保するための工夫も自動・無人化コ
ア技術である。そのため、クボタはアグリロボに安全機能を備えさせ、後方と前方

Column12 - 1

自動運転

　自動運転とは、人が直接運転操作を行わなくても自動車の走行を可能とする技術のことである。一般的に、自動運転は、システムが、人間に代わり、走行中の様々な状況を認識し、判断を下し、運転と係る操作を行う必要があるため、ビッグデータや、AI技術など、極めて高度な情報処理技術や走行制御技術が求められる。自動運転が実現できれば、ドライバーは運転しなくても済むため、長距離運転や見知らぬところを走行するときに運転する緊張感から解放される。また、タクシーのような交通移動サービスにおいて、自動運転を導入すれば、運賃を下げ、より満足度が高いサービスを、乗客側に提供することもできる。その他にも、交通事故の減少、渋滞削減などの効果も期待できる。

　農業における自動運転技術は、自動車とは異なった技術を基に、大きな飛躍を見せている。「無人トラクター」の研究開発を進めているクボタでは、2010年ごろには高精度な位置情報を基に自動運転を行うための基礎技術ができていた。レベル1では、人間が搭乗して操作することを前提に、直進走行など限られた状況では機械が人間をサポートし、手離し運転も可能である。農機に人が搭乗しなくても、目が届く範囲内で自動運転できるのがレベル2である。レベル3は、遠隔監視のみで基本的にすべての操作を機械任せにする。農林水産省が目標とする農機の自動運転は「レベル2」にあたるもので、あらかじめ決められたルートを人の監視下で自動的に移動し、もしルート上への人の侵入などがあれば直ちに動作を停止できる仕組みとなっている。

　自動運転車は大手企業、ベンチャー企業など、世界中の企業が参入し、最も研究開発が進んでいる分野である。自動運転技術で培ったロボットやAIの技術を、自動車や農業分野だけではなく産業分野にまで広げ、生産性向上や人手不足解消の問題を解決しようという試みが進んでいる。

第12章

にレーザースキャナー、側面に超音波ソナーを配置し、障害物を検知、自動運転中に障害物に近づくと、まずは警報音を鳴らし、さらに近づくと自動で停止する。

　人間の農作業の自動・無人化が実現・普及できればどのような効果が得られるか。まずは、前述した労働力不足の問題に大きく貢献できる。現在、日本の農業が抱えている慢性的な労働力不足の問題をある程度カバーでき、農業に取り組むことがで

きる担い手の幅を拡大できると考えられる。例えば、現在、実現できているレベル2段階においても、女性、農業の経験や知識が浅い若者、就農したばかりの人が迅速で無理なく農機を使いこなせることができる。次の自動化・無人化の効果として農業の生産性の向上が考えられる。より大規模な農作物の生産が可能となり、夜間の農作業など、営農の各種制約を乗り越えることができる。最後に、超省力化の実現により、農事業の多角化を推進したり、農作物の品質向上、高付加価値農作物の開発などの他の業務に集中できるようになると考えられている。

4　DX 変革と持続可能な農業

◈ SDGs

　国際連合の「世界人口推計2019年版」によると、世界人口は2019年の77億人から2050年には97億人、2100年までには110億人に達すると予測されている。実際に、国連人口基金（UNFPA）が発表した「世界人口白書2020」によると、2020年の世界人口は、2019年に比べて8,000万人増加して約78億人に達しており、世界人口が急激に増加するという予測が現実化されていることが分かる。

　また、現時点においても、世界人口のおよそ10％に達する約8億2,000万人が十分な食料を供給されていない状況で、今後、中国やインド、中南米やアフリカ諸国など発展途上国の経済発展による食料需要の爆発的な増加も予測されている。すると、今後、農作物の安定的な生産・供給、農作物の品質維持が保障できなくなる。さらに、農作物を生産する際の、地球への環境的な負担がますます増え、結果、地球環境や人類の存立が危なくなる可能性もある。このような状況で注目されているのが、持続可能な開発目標（SDGs、Sustainable Development Goals）と持続可能な農業である。

　国際連合は、2015 年「持続可能な開発サミット」の開催を通じて、17の持続可能な開発目標と169のターゲットを設けた。17の目標の中には、貧困の克服、飢餓の克服、すべての人に健康と福祉の提供、すべての人へ質の高い教育の提供、両性平等の実現、安全な水とトイレの確保、持続可能なエネルギーの確保、人間らしい仕事と経済成長、産業と技術革新の基盤づくり、人や国の不平等問題の克服、

Column12－2

スマート農業

　農林水産省は、スマート農業を「ロボット技術や ICT 等の先端技術を活用し、超省力化や高品質生産等を可能にする新たな農業」と定義している。ロボット技術や ICT を活用した次世代農業を指す。

　具体的には、農業機械の自動走行による高効率・大規模生産、様々な生育データなどの計測・分析に基づく高収穫性や高品質化、アシストスーツによる重労働や危険な作業からの解放などを、スマート農業の姿としている。スマート農業が必要とされる背景には、日本の農業の高齢化や新規就農者の不足がある。農業分野の競争力を強化し、魅力ある産業とすることで意欲的な若者や女性を呼び込み、その能力を発揮できる環境を創出する狙いがある。また、日本の技術やノウハウをデータ化・システム化による新たなビジネスの創出も期待されている。

　上記のようなスマート農業の実現から、収穫量を増大させ生産システムを効率化することができ、高品質で信頼できる農作物を持続的・安定的に生産・供給できるようになる。また、営農者が農作物の販路を拡大し、新商品開発に取り組める環境を備えることにより新しいビジネスチャンスを拡大し、多角化し発展させることができる。一方で、スマート農業には課題も存在する。まず、経済性の問題である。農業へのスマート技術・施設の導入は、すぐには企業の高収益につながらない。例えば、植物工場の約6割は不採算経営と言われている。次に、植物に影響を与える、地域特性や気候変動によるさまざまな要因はなかなかコントロールできない。このような経済性の問題、農作物の属性や外部環境から起因するリスクをどのようにコントロールしていくかがスマート農業の課題と言える。

第12章

持続可能な都市と居住、持続可能な生産と消費、気候変動への対応、海の豊かさの保存、陸の豊かさの保存、平和と公正な社会の実現、グローバルなパートナーシップと協力などがある。

　17の持続可能な開発目標の中で、農業とかかわるのが、第2の目標の飢餓の克服であり、具体的には、栄養失調問題改善、小規模農民の所得や生産性の向上、持続可能な農作物の生産体制の構築などを目指している。持続可能な農業に関して多様な定義が存在するが、広い意味の持続可能な農業というのは、環境への負担を軽減させながら、高品質で安定的な食料の持続的な生産・供給の実現する農業のこと

であり、狭義の持続可能な農業は、持続可能な開発目標を達成する、世界中の飢餓
と栄養不良、フードロスの削減などの諸課題に向けての取り組みとしての農業とし
て捉えることができる。

◈ 持続可能な農業

　持続可能な農業を実現するための取り組みとして、近年注目を浴びているのが、
農業における DX 変革の動きである。農業は、本来、気候など、環境の影響を多く
受けやすく、工業物と違って、生き物を生産するという点で、収穫量や農作物の品
質を安定的に維持しにくい属性があるとされる。しかし、クボタの KSAS の概要
から分かるように、莫大な量の営農データを収集・分析・活用するとともに農機の
自動・無人化を図ることで、より大規模で、生産量のばらつきをなくし、より高品
質の農作物の生産を実現することができるのである。
　現在スマート農業サービスにおいて、クボタは、5 割以上の高い市場シェアを獲
得しているが、今後、営農情報システムのオープン化を図り、他の企業からの営農
データも統合し、日本全域において、営農データを活用できるように働きかけてい
る。つまり、クボタが実現する持続可能な農業において、鍵となるのが、農業にお
ける ICT やを活用した DX 変革であると言える。

5　おわりに

　本章では、クボタのスマート農業サービス、KSAS の事例を中心に、農業にお
ける DX 変革の動きとして、スマート農業の実現、農作業の自動・無人化、持続可
能な農業の意味とその重要性について説明した。農業は人類の存続のために欠かせ
ない産業であるが、持続可能性の問題や営農人口の減少などの諸問題を抱えている。
ICT、GPS、ロボット技術など、農業における DX 変革と定着は、より良い農業経
営の基盤を築いて、これまでの農業が、人手がかかる重労働、単純作業、魅力のな
い古い産業というネガティブなイメージから脱皮し、超省力化が実現できる、若者
や女性にも魅力のある最先端産業として、持続可能な産業として躍進できるように
働きかけている。
　その他にも、近年、農業における DX 変革の動きは、隣接産業である林水産業に

も大きく示唆できると言える。林水産業も農業のように、人間の存続のための必須産業でありながら、農業と同じく持続可能の問題や従事者の減少など、類似の課題を抱えている。既に林水産業でも DX 変革が行われようとしているが、農業のように DX を全面的・積極的に導入する必要がある。なお、農業における DX 変革が人類の存続と生活の質の向上にもつながっていることを考えると、結局 DX 変革は、産業や企業活動のレベルのみではなく、地域産業システム、人間の社会や生活全般において、根本的な変化をもたらす力を持っているのである。

❓ 考えてみよう

① 農業において DX 変革が行われることになった背景について考えてみよう。
② 持続可能なスマート農業を支える技術にはどのようなものがあるか考えてみよう。
③ 林水産業においてどのように DX 変革を進めることができるか、当産業において DX 変革がどのような効果をもたらすか考えてみよう。

主要参考文献

クボタホームページ <https://www.kubota.co.jp/sustainability/biz_food/index.html>（2021年7月31日閲覧）
SMART AGRI「スマート農業【特集】クボタが描くスマート農業の未来　農機の無人化に向けた現状と課題 〜クボタ・飯田聡特別技術顧問に聞く【第3回】」<https://smartagri-jp.com/smartagri/123>2018年。
農林水産省「『スマート農業の実現に向けた研究会』検討結果の中間とりまとめ」、2014年。

第12章

次に読んで欲しい本

☆スマート農業について、詳しく学ぶには…。
　農業情報学会『新スマート農業—進化する農業情報利用』農林統計出版、2019年。
☆自動運転について、詳しく学ぶには…。
　モビリティと人の未来編集部『モビリティと人の未来—自動運転は人を幸せにするか』平凡社、2019年。

第 13 章

オンライン・メンテナンス

：三浦工業

1 はじめに

　皆さんには普段から愛用している製品が予期せず故障してしまってほとほと困ってしまったという経験はないだろうか。突然スマホの画面が動かなくなって友人と連絡が取れなくなってしまった、急にPCがフリーズして大学に提出しなければならないレポートを出しそびれた、インターネットへの接続が急に止まって仕事を中断せざるをえなくなった、といったことである。自分で故障を解決できれば問題はないが、うまくいかない場合には業者に依頼して修理してもらったり、店頭で部品を交換してもらったりなどして余分な手間とお金がかかってしまう。

　しかし、もしその製品が自動で故障や異常の前兆を察知して私達に瞬時に知らせてくれたり、交換が必要な部品を的確なタイミングで知らせてくれたりするメンテナンスの機能がついていたらどうだろうか。故障やトラブルで不快な思いをすることもなくなるし、何よりも手間やお金を省くことにもつながる。

　本書のテーマであるDX変革は、こうした製品やサービスにおけるメンテナンスの分野においても威力を発揮し、私達の暮らしの利便性を飛躍的に向上させることが期待できる。本章では、オンライン・メンテナンスのサービスを中核にして様々な事業を展開している三浦工業株式会社の事例を紹介しながら、DX変革とデータによる価値創造について学ぶ。

2 事例：三浦工業

◈ 三浦工業の概要

　三浦工業は、1959年に愛媛県松山市に設立され、現在はボイラとその関連機器の製造販売・メンテナンスなどの事業を手掛ける企業である。同社は産業ボイラの製品で国内5割強のシェアを誇るトップ企業であり、海外にも24の拠点を抱えて事業を展開するグローバル・カンパニーとしても知られている。

　三浦工業があつかっているボイラは、水を沸かして温水や蒸気をつくるための装

置である。ボイラの用途は幅広く、家庭、学校、コンビニ、レストランなど我々の暮らしの実に多くのシーンで利用されている。例えば家庭の台所でお湯を出したりお風呂を沸かしたりするためにボイラが用いられているし、学校の校舎やオフィスビルに設置されている冷暖房・空調のシステムやレストランでの加熱調理機材などにも活用されている。ボイラは見えないところで私たちの快適な暮らしを支えているインフラなのである。

　三浦工業はとりわけ食品工場、コンビナート、船舶、医療機関といった各種産業で利用される産業用ボイラに強みをもつ。同社の主力製品である小型貫流ボイラは、コンパクトで設置スペースが小さいうえに、高効率で蒸気を作り出せるという特徴をもつ。また大型のボイラとは異なり、小型貫流ボイラは専門のボイラ技師が不要であるため顧客の企業にとっては導入しやすい。同社は、この小型貫流ボイラをはじめとする産業用ボイラで国内シェアの5割強を誇るリーディングカンパニーである。

【写真13‐1　小型貫流ボイラ】

写真：三浦工業提供

第13章

　産業用ボイラの事業で決定的に重要なサービスがメンテナンスである。ボイラは通常は高温、高圧、高湿の環境下で使用されるために故障が発生しやすい装置である。しかし、もし工場やコンビナート等で使用されるボイラが故障したりトラブルが発生したりすれば、生産に欠かせない水や蒸気の発生が停止してしまい、顧客の操業そのものに深刻な影響を与えてしまう。このような事情から、三浦工業では、

他社に先駆けてメンテナンス事業を経営の中核に位置づけて様々な取り組みに着手してきた。

◈ メンテナンス事業の経緯

　同社におけるメンテナンス事業の取り組みは、1972年に「ZMP」と呼ばれる保守契約制度を業界に先駆けて導入したことをきっかけにしている。この制度は、創業者の三浦保氏が「故障の連絡をうけてから現場に駆けつけるのでは遅い。ボイラは生産に直結する。生産を止めると顧客が多大な損害を被る。未然に損害を防ぐために保守点検する。」との思いから推進された。この制度は事前料金にて定期的に保守・点検のメンテナンスを行う仕組みで、当時としては画期的な取り組みであった。

　当時の日本では、製品のメンテナンスはメーカーが無料で行うものという意識が根強かった。もちろんメンテナンス・サービスのためには相応のコストがかかるため、サービスを行うメーカーにとっては大きな負担になっていることも少なくない。しかし、メンテナンスの過程で、販売した製品の故障などが分かれば製品の買い替えを勧めることができるし、そうでなくても顧客との関係を維持することができるので、次のチャンスをつかむためのコストと割り切って負担しているメーカーが大半であった。

　このような状況のなかで、ボイラのメンテナンスを有料化するというのは大胆な取り組みであった。もちろん無料であるはずのものを有料にするのであるから、顧客からの抵抗がなかったわけではない。しかし、この保守契約制度には、点検代や修理代だけでなく、部品代や本体交換代までが無料になる特典が含まれていて顧客にとってはお得感があった。こうしてZMP契約によるメンテナンスは、故障リスクの削減、検査・整備・補修などのランニング・コストの削減、性能の維持、機器寿命の伸長といった企業の現場ニーズに合致して、産業界で広く受け入れられていった。

　1972年から開始されたZMPによるメンテナンス事業は、翌年の1973年には6億9,100万円の売上を達成し、3年後の1973年には11億6,200万円と順調に伸びていった。そして現在、メンテナンス事業は同社の事業領域において中核に位置づけられている。同社の2020年度における国内での売上総額のうちメンテナンス事業の売上が占める割合は約3割であるのに対して、利益では約6割を占める。

このようにメンテナンスの取り組みは、今日の同社における大きな収益基盤にもなっているのである。

【図13-1　メンテナンス事業の位置づけ】

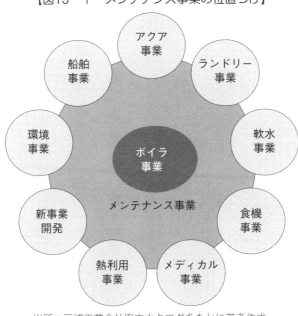

出所：三浦工業会社案内カタログをもとに著者作成。

3 オンライン・メンテナンス

◎ オンライン・メンテナンスの取り組み

三浦工業は、ZMP によって得られた膨大なデータとノウハウを基にした小型貫流ボイラ AI 型の開発により、1989年からオンライン・メンテナンスの取り組みを開始している。これは近年のビジネス界で関心の寄せられている IoT（Internet of Things）の先取りといえる先進的な取り組みである。

オンライン・メンテナンスは、ボイラに自社開発の各種センサーと AI 多重制御

を搭載して、遠隔監視しながらオンライン上でメンテナンスを行う仕組みである。センサーはボイラの水位や蒸発量、燃料使用量などを把握・コントロールするためのものであり、これにより現場で使用されている個々のボイラの稼働・健康状態を数値データで、かつリアルタイムにモニタリングできる。センサーで常に遠隔監視するとともに異常をデータ分析で割り出すことによって、故障やトラブルが起こる前の段階で部品の交換や点検を促すビフォアメンテナンスも可能となっている。

　AI多重制御は、ボイラの自己判断機能と機器の異常やトラブルをセンターに自動的に通報する通信機能である。例えば、ボイラの水位をコントロールするセンサーが故障した場合、他の水位検出手段を併用し安全を確保しながら、ボイラの運転を継続させることが可能となっている。万が一のトラブルが生じたら機器が自ら状況を判断して、バックアップ制御に切り替え運転を継続させることで、安定した蒸気供給を行うのである。

　オンライン・メンテナンスでは、松山市の本社内にあるオンライン・センターが中心となって顧客のボイラを24時間体制で遠隔監視しており、異常が起きた場合に瞬時に対応できる体制を整えている。もし、機器の異常が感知されれば、全国のサービス・エンジニアを派遣し、ボイラが故障・停止する前に修理することで、顧客の損害を防いでいる。同社は全国で約100拠点に1,000名以上のサービス・エンジニアを配置しており、トラブルが発生しないようきめ細かい保守対応を行っているのである。

【写真13-2　オンライン・センター】

写真：三浦工業提供

　オンライン・メンテナンスにより、従来よりもメンテナンスを迅速かつ低コスト
で提供できるようになり、それが同社の収益に大きく貢献している。従来は顧客か
ら異常の連絡を受けても、顧客は必ずしもプロではないので、メンテナンス要員が
現場で状況をみるまで異常が起きているのか分からないことが多かった。それがオ
ンライン・メンテナンスにより異常の状況が正確に分かり、少ない手間で迅速かつ
正確な対応ができるようになった。例えば、ボイラの運転停止をともなうような状
況が発生した場合でも、機体の詳細な状況をオンラインで確認しながら顧客への連
絡が可能なため、電話対応のみで解決につながるなど従来よりも復旧へ向けての迅
速なサポートが可能となっている。

　オンライン・メンテナンスの取り組みは、産業界における同社への信頼の獲得に
も貢献している。ボイラの故障やトラブルは、業界によっては操業がストップせざ
るを得なくなるなど深刻な損害を被る可能性がある。三浦工業のオンライン・メン
テナンスであれば、そうなる前に手を打つことができ大事に至らずに済むし、何よ
りもボイラのことは同社にまかせて、本業の業務に専念できる。オンライン・メン
テナンスの浸透でこのことの意義を顧客に広く理解してもらえるようになったこと
が三浦工業を躍進させた1つの要因なのである。

◈ オンライン・メンテナンスとデータ活用

　オンライン・メンテナンスの本来の目的は、顧客の現場で運転しているボイラの
稼働状況をオンラインで遠隔監視し、迅速かつ低コストに保守・点検を行うことで
あった。しかし、同社では、この取り組みを通じてえられる様々なデータやノウハ
ウを保守・点検以外の用途にも積極的に活用することによって事業機会の拡大を
図っている。

　第一に、オンライン・メンテナンスのデータを各地の営業パーソンや代理店など
に伝えることで、顧客にとって付加価値の高い提案営業につなげている。例えば、
ずっとパワーモードで使っている顧客には省エネにつながる運転方法の提案、稼働
時間が長ければ部品の交換時期等について伝える、といったことなどである。顧客
の課題を解決して Win-Win の関係を築いていくのにオンライン・メンテナンスに
よって収集されるデータが大きく貢献しているのである。

　第二に、データを管理指標データとして加工して活用することである。例えば、
解決までに費やした時間が長い現場の分析や、サービス・エンジニアチームの行動

第13章

効率の傾向把握などにデータを活かすことによって、様々な角度からのサービス品質の向上や人材育成に役立てている。

　第三に、新規製品や新規事業の創出におけるデータ活用である。三浦工業はオンライン・メンテナンスの事業で蓄積したデータやノウハウを生かして、省エネや環境保全に役立つ多くの独自の製品やサービスを創出している。代表的なものとして、家庭用の軟水器、医療や食品分野で使用される蒸気減菌器、ボイラと水処理器その他周辺機器などをトータルで24時間監視・管理できるクラウドサービス（Column13‐2）であるクラウド型エネルギー管理システムなどである。クラウド型エネルギー管理システムは、工場や施設全体の省エネ化・省人化等の課題を解決するためのトータル・ソリューションを提供するためのシステムである。例えば、病院での洗浄・滅菌システムや減圧沸騰式洗浄器などをトータルに導入することで、病院全体の治療の効率化や治療環境の充実を図ることができる。また、近年では、業務用燃料電池やバラスト水処理装置など、世界的に不透明なエネルギー情勢や高まる環境保全への動きに対応した各種製品の開発にも力を入れている。

　このように同社ではオンライン・メンテナンスの事業で得たデータやノウハウを様々な用途に用いることによって事業機会の拡大を図っているのである。

4 サービタイゼーション

◈ サービタイゼーションの概要

　前節で紹介したように、ボイラを製造して販売するという古典的なメーカーであった三浦工業は、故障リスクの低減やランニング・コストの削減という顧客の抱える具体的な課題に応えるためにメンテナンス事業をスタートさせた。さらに、オンライン・メンテナンスは、ボイラの稼働状況をオンラインで遠隔監視することで生産現場をストップさせてならないという顧客の課題を解決するために着手したサービスである。近年では、クラウド型エネルギー管理システムを活用したトータル・ソリューション提案により、環境問題へのニーズに起因する課題を解決するためのサービスも展開している。三浦工業は、個々の顧客が固有に抱えている課題に率先してソリューションを提供するサービスによって事業を拡大してきたのである。

┏━ **Column13 - 1** ━

オンライン・メンテナンス

　近年、様々な機器がインターネットにつながり、稼働状況が遠隔地からでも把握できるようになっている。代表的な事例は、コピー機である。コピー機は、トナーや紙など、消耗品を多量に使用するため、日ごろの管理が必要である。現在では、オフィスで使用するコピー機のほとんどは、インターネットでつながっており、トナー切れ、さらには、紙づまりといったトラブルの情報は、コピー機のサービスセンターに瞬時に伝わり、必要であれば、すぐにサービス担当者が駆けつける仕組みになっている。このようにネットワークを通じてサーバーやクラウドサービスに接続され、情報を伝達する仕組みをIoT（Internet of Things）とよぶ。

　また、AI・IoTを用いた機器の保全サービスの仕組みをオンライン・メンテナンスと呼ぶ。ここでメンテナンスとは、機器の保全、保守、整備を通じて、故障した設備を運転可能状態にし、設備を回復する活動を意味する。メンテナンスには、設備の故障発生を事前に防ぐ予防保全と、故障発生後に正常状態に修復する事後保全に大別される。AI・IoTを用いることで、遠隔地からでも24時間の監視が可能となり、重要な設備や故障しやすい設備の保全が容易に行えるようになった。本章のテーマのボイラは、故障すると工場や会社全体の業務が止まってしまう可能性があることから、オンライン・メンテナンスはボイラの製造企業からも、使用する側からも不可欠な仕組みとなっている。

　多くのオンライン・メンテナンスサービスでは、機械に不具合が生じた場合、すぐに情報がインターネット上で発信され、自動的にコンピュータ解析され、オンライン上でトラブルが解消されなければ、サービス担当者が駆けつける仕組みになっている。既存資産の老朽化や経験豊富な作業員の高齢化などの課題を抱える製造現場は、AI・IoTを用いたオンライン・メンテナンスによる資産の効率的な維持と継続利用は不可欠なのである。

第13章

　このような製造業のサービス化を表す言葉がサービタイゼーションである。製造業が単に機器を製品として販売するのではなく、顧客の潜在的な課題を探求し、その解決方法を提案するなどのサービスによって価値創造を行うビジネスモデルへの転換である。近年、多くの業界でサービタイゼーションが進行している背景には、製品が価格以外の点で差別化が困難になるコモディティ化の進展や、デジタル技術の発達にともなって、データや情報を用いた効果的なソリューションをサービスと

して顧客に提供しやすくなったことなどが挙げられる。

　サービタイゼーションでは、ソリューションとしてのサービスが顧客に頻繁に提供されることにより、課題解決力への信頼が顧客の側に醸成される。そうした信頼をもとにして顧客からの相談を新しく受けることができれば事業の潜在ニーズの発見につながる。その情報が革新的な製品を生み出す源泉となったり、新製品によるソリューションの提案に結びついたりといった循環が形成されることになる。

◈ デジタル技術とサービタイゼーション

　J．ロスらによれば、デジタル技術を用いたサービスとは、デジタル技術がもつ可能性を生かして、必ずしも顧客自身も明確に認識しているとは限らない問題に対してソリューションを提供することである。以下の図は、デジタル技術を用いたサービスビジネスを示している。

【図13‐2　デジタル技術とサービス】

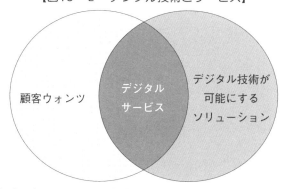

出所：ジーン・W・ロス他（2020）、図2.1をもとに著者作成。

　このときに企業にとって課題になりやすいのは、デジタル技術で実現できるソリューションと顧客が求めるもの（顧客ウォンツ）の重なりを見出すのが容易ではないことである。1つの理由は、デジタル技術を活用してソリューションを見出すための経験の乏しさである。2つ目の理由は、顧客が実際にそのものを手にするまで、自分が何を欲しいのかわからない場合が多いことである。企業が顧客の問題を解決しようとする時、事前に何が有益かを予測することは難しいのである。

　三浦工業ではこの問題に対処するために様々な取り組みが行われている。第一に、

デジタル技術を活用したソリューションを見出すための社内体制の整備である。同社ではメンテナンスの基本は「人」であるとし、専門性の高いサービス・エンジニアを育成するための教育制度と社内機種資格制度を設けている。例えば、AI 機能搭載製品については機種資格制度の本資格を持っていなければ点検やメンテナンスが出来ないという仕組み、各メンテナンス経験年数に応じた技術研修の段階ごとの実施、ボイラ機種ごとの資格試験の設定などである。デジタル技術によって収集されたデータの分析やそれに基づくソリューションの提供は、最終的には人の能力に依存する。三浦工業は、デジタル技術に精通した人材を組織的に育成することで、効果的なサービスによる価値創造を展開しているのである。

　さらに、同社ではデジタル技術を活用したソリューションの幅を広げるために、社外の資源を積極的に活用している。例えば、クラウドサービスの共同開発など、同業・異業種の他社との積極的なオープン・イノベーションを進めている。温室効果ガス排出量の削減や省エネルギーなどの技術的に高度な課題に対応するために、こうした他社との協業は不可欠の取り組みになってきている。

　また顧客自身が気づいていない潜在的なニーズに関わる情報を収集するために、同社のフィールドエンジニアは、顧客の課題をヒアリングし、その解決法を顧客に提案するコンサルティングを重視している。これは、同社が1,000人以上のフィールドエンジニア部隊を持っていて、国内でおよそ100ヶ所の拠点を展開していることからもその徹底ぶりが伺える。

5　おわりに

　本章では、三浦工業のケースを通して、メンテナンスの分野におけるデータを活用した価値創造の仕組みと、ビジネスモデルとしてのソリューション・ビジネスについて学んできた。DX 変革の進展にともなって、あらゆる場面でデジタル技術によるデータの取得と活用が進んでいくことが予想される。しかし、それによって社会の利便性を向上させることができるかどうかは未知数である。

　三浦工業のケースが示すとおり、DX 変革によって新しい価値の創造ができるかは、企業がどれだけデジタル技術に精通した専門性の高い人材を組織的に育成できるか、またどれだけ顧客の性質を理解してソリューションを提供できるかにかかっている。これからの経営では、能動的にデジタル技術を学習していく必要があるだ

第13章

Column13 - 2

クラウドサービス

　近年、個人も企業もクラウドサービスを利用するシーンが増えてきている。クラウドサービスは、従来は手元のコンピュータで利用していたデータやソフトウェアなどの機能を、インターネット経由でサービスとして利用者に提供することである。インターネット上での多様な機能がまるで雲（クラウド）のようであることからこのように名付けられたといわれている。

　クラウドサービスには大きく SaaS（Software as a Service）、PaaS（Platform as a Service）、IaaS（Infrastructure as a Service）の３つのタイプが存在する。SaaS は、メールや顧客管理、財務会計などのソフトウェア機能をインターネット上で提供するサービスである。PaaS は、仮想化されたアプリケーションサーバやデータベースなどアプリケーションの開発や実行用のプラットフォーム機能をインターネット上で提供するサービスである。IaaS は、デスクトップ仮想化や共有ディスクなど、インターネット経由でハードウェアやインフラ機能の提供を行うサービスである。

　クラウドサービスの特徴の１つは、経済性に優れていることにある。従来であれば、ソフトウェアやサーバー、データベースを利用するために、個人も企業も機器を購入して設置する必要があった。クラウドサービスでは、サービス提供事業者が保有するデータセンターにアクセスしてこうした機能を利用することができるため、機器への負担を減らせることができる。さらに、クラウドサービスには拡張性が高いという特徴もある。例えば企業が大量のデータを分析したいときなどに、追加の費用を支払うだけで一時的に必要な分だけサーバー容量を増やしたりオプション機能を追加したりすることができる。

　近年、人々は、意識するかどうかにかかわらず利用するインターネット上の様々な機能をクラウド・サービス上で稼働するようになってきている。また、企業も情報資産を管理する手段としてクラウドサービスをこれまで以上に積極的に活用するようになってきているのである。

ろうし、また、顧客とは積極的に交わり対話をしていくことが重要となってくるだろう。

❓ 考えてみよう

① メンテナンスのサービスが重要な製品の具体例を考えてみよう。

② サービタイゼーションが進んでいる企業の具体例を考えてみよう。

③ 企業が顧客の潜在的なニーズをみつけるために必要な取り組みとして、どのようなものがあるか考えてみよう。

主要参考文献

マイケル・E・ポーター、ジェームス・E・ヘプルマン（有賀裕子訳）「IoT時代の競争戦略」DIAMONDハーバード・ビジネス・レビュー編集部編訳『IoTの衝撃』ダイヤモンド社、2016年。

次に読んで欲しい本

☆デジタル技術を用いたビジネスについて、詳しく学ぶには…。

大前研一編著『DX革命』プレジデント社、2021年。

ジーン・W・ロス、シンシア・M・ビース、マーティン・モッカー（野村マネジメント・スクール訳）『DESIGNED FOR DIGITAL：持続的成功のための組織変革』日本経済新聞出版、2020年。

.

第 14 章

スポーツテック
：アシックス

第1章
第2章
第3章
第4章
第5章
第6章
第7章
第8章
第9章
第10章
第11章
第12章
第13章
第14章
第15章

1 はじめに

　スポーツシューズを購入する時、何を基準に選択するだろうか。例えば、ブランド名、デザイン、機能性、価格、履き心地、子供の時から馴染みがある等、様々な要因で、シューズを購入している。最近では、店舗に行かず、インターネット上のオンラインストアを利用して購入することも多い。しかし、外観イメージやブランド名で購入し、失敗した経験はないだろうか。店舗でシューズを購入する場合、必ず試し履きをして、自分の足のサイズにフィットしたものを選ぶ。メーカーによって、サイズの違いが多少あるため、初めて購入するブランドでは、試し履きは必須である。それでも、購入した後、違和感を持つ人も多い。

　近年、デジタル技術の向上により、私たちの健康・スポーツといった領域にもデジタル化が浸透している。3Dスキャナーというテクノロジーを利用し、個人の身体のサイズを解析し、体型の特徴にフィットした商品を提案し、アドバイスをするサービスが登場している。

　本章では、長年に渡って、サイエンスの視点から蓄積したデータを基に、誰もが最高のパフォーマンスを発揮できる商品をどのように提供しているのか、多様化する顧客にデジタル技術によるパーソナル化をどのように実現しているのかについて、株式会社アシックスの事例を通じて学ぶ。

2 事例：アシックス

アシックスの沿革

　アシックスの歴史は、1949年、鬼塚喜八郎（1918-2007）が神戸市に鬼塚株式会社を設立したことから始まる。当時、鬼塚は、古代ローマ時代の風刺詩人デキムス・ユニウス・ユウェナリスが唱えた「もし神に祈るならば、健全な身体に健全な精神があれかしと祈るべきだ（「Anima Sana in Corpore Sano」ラテン語」）という言葉に感銘を受け、スポーツによる健全な青少年の育成を目的に、スポーツ

シューズの開発・生産・販売を開始した。この言葉は、後に「ASICS」の社名の由来となった。

　最初に開発を手がけたのが、競技用のバスケットボールシューズである。その開発のために、当時のバスケットボール強豪校に何度も足を運び、改良に改良を重ねて、1950年に日本初のバスケットボールシューズを完成させた。その後、1953年にはマラソンシューズの開発を手掛け、メルボルンオリンピック（1956年）では、日本選手団が履くトレーニング用スニーカーが正式に採用されるようになった。東京オリンピック（1964年）では、多くの選手が競技用シューズを着用するようになり、その後、レスリング、体操、フェンシング、バレーボール、サッカーなどの競技用スポーツシューズを開発していった。

　1962年に日本に立ち寄ったブルー・リボン・スポーツ（BRS）社（後のNIKE）の創業者フィル・ナイトが、オニツカシューズの品質の高さと価格の安さに感銘し、1969年、オニツカのスニーカー「コルテッツ」を米国販売代理店として米国内で販売を開始したのが海外進出のきっかけとなった。その後、モントリオールオリンピック（1976年）で、フィンランド代表ラッセ・ビレン選手が、「ランスパーク陸上スパイク」を履き、陸上5,000mと1万mで金メダルを獲得した。このころから、世界的アスリートの技術サポートをするようになり、バルセロナオリンピック（1992年）では、大会関係者全員へシューズを提供している。

　こうした経緯を経て、関西のスポーツ用品メーカーの勉強会で意気投合した「オニツカ株式会社」、スポーツ用ネット製造の「株式会社ジィティオ」、スポーツウェアーの「ジェレンク株式会社」の3社が1977年に対等合併し、総合スポーツ用品メーカー「株式会社アシックス」が誕生した。現在では、NIKE、Adidas、PUMA、Under Armourと並び、グローバル総合スポーツブランドとして世界的に認知されている。

アシックススポーツ工学研究所

第14章

　アシックスは、創業当時から研究開発を重視し、革新的な発想で細部にまで拘ったシューズを作り上げてきた。1977年にアパレル研究を行う研究部門、1980年にはシューズの基礎研究部門を設立、1985年には、「モノづくり」に対する研究を行う施設として「スポーツ工学研究所」が設立された。1990年、神戸市西区に、陸上トラック、体育館などが併設されたスポーツ工学研究所を竣工し、科学的な実

Column14 - 1

X-Tech

　X-Tech（クロステック）とはクロス＝掛け合わせることを意味するXと、Tech（Technology：テクノロジー）を組み合わせた造語である。各業界の既存の商品や仕組みに対し、AI、ビッグデータ、IoT、位置情報、センサーなど、最新のテクノロジーを組み合わせて生まれた新たな商品、サービス、ビジネスモデルなどを総称して「X-Tech」と表現している。

　身近なX-Techの例にはFinTech（フィンテック）がある。金融 (Finance) と技術 (Technology) を組み合わせた造語である。金融サービスと情報技術による革新的な仕組みが次々と実用化されている。クレジット決済だけではなく、スマホ決済、仮想通貨などもその一例である。お金の管理、支払い、資産運用など金融に関する幅広い分野のサービスを誰でも、手軽に、便利に利用できるようにする仕組みを総称してFinTechとしている。

　第12章のスマート農業も、AgriTech（アグリテック）に分類される。農業 (Agriculture) と技術（Technology）の造語で、ドローン、AI、ビッグデータ、IoTといった最新技術を活用し、農作業の無人化や省人化、農作物の高品質化を実現しようとする取り組みを表す。日本では、食料自給率の低下や、農業従事者の減少、高齢化、後継者不足など、農業において、様々な問題が顕在化しており、早急な解決が望まれている。その切り札と期待されているのがAgriTechである。

　今回取り上げたアシックスの事例はSports-Techに分類される。これは、スポーツとテクノロジーを融合させることを意味する。競技環境の改善などを通じて新たな「モノ」や「コト」を生み出し、スポーツの新たな価値を創出する取り組みである。このようにX-Techは、産業や業種を超えて、ビジネスやサービス、働き方、公的サービスなどにも広く展開されており、様々な将来の問題を解消し、新しい価値や仕組を提供する役割を担っている。X-Techの基本となるのは、デジタル技術であり、DX改革での取り組みなのである。今後も、様々なX-Techによって、質の高い製品やサービスが生み出されるであろう。

証に基づく商品開発の体制を確立した。「Human Centric Science」を軸にサイエンスの視点から、人間工学、材料、構造、分析・評価試験、生産技術などに関する研究を行っており、センサーやデジタル技術を使い、機能性の高い製品を創り出

【写真14‑1　スポーツ工学研究所】

写真：アシックス提供

している。

3 デジタル戦略

アシックスのデジタル技術

　アシックスは、高機能スポーツシューズを次々と生み出すきっかけとなった3次元足形計測機を1991年に開発した。この計測機は、レーザー光により、足長・足幅という平面的な計測だけでなく、足高を含めた3次元計測を可能にした。足の断面図や変形具合も数値化できるようになったことで、足のサイズにフィットした靴の提供ができるようになった。日本で約200台、世界で約100台が、主力店舗で運用されており、顧客は無料で計測してもらうことができる。現在、日本人と欧米人など100万人強の3次元足形データを蓄積している。

　また、身体の動き、動く時の身体の筋肉はどう使われているのかなど、サイエンスの視点からスポーツを研究・分析し、そのデータをシューズやあらゆるスポーツ用品の開発に活用している。デジタル技術、AI技術の進化により、アスリートのみならず一般のユーザーにもカスタマイズされたサービスを提供できるようになっ

第14章

た。その１つが、独自開発したランニングフォーム分析アプリ「アシックスランニングアナライザー」である。これは、今までに蓄積したランニングフォームに関するデータや知見を基に、独自のアルゴリズムによってランニングフォームの分析・評価を行うことができる。顧客のランニングフォームの傾向や特徴を数値化し、その結果を分析して、フォームの改善やトレーニングの提案などのサービスを行っている。

　その他にもランナーのランニング動作を撮影し、足の傾きであるプロネーションタイプを判定するシステムを開発した。プロネーションとは、かかとの内側への倒れ込みに代表される一連の動きで、着地の衝撃を和らげるために人体に備わった足本来の機能のことである。人によって、アンダープロネーション、ニュートラルプロネーション、オーバープロネーションの３つのタイプに分類される。

◈ デジタル化による計測サービス

　３次元足形計測器やアシックスランニングアナライザーは、アシックス直営店で体験することができる。AI 技術を使い画像解析により、個人の走り方、足形の特徴がデータ化され、それを基に説明とカウンセリングが受けられるパーソナルサー

【写真14-2　アシックスランニングアナライザー】

３次元足形計測　　　　　　　　　　　　プロネーションの解析

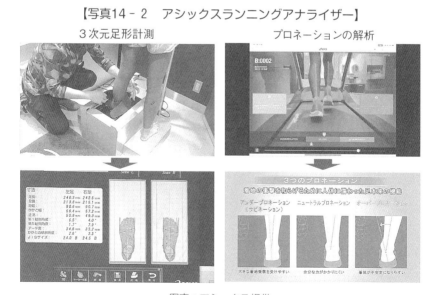

写真：アシックス提供

ビスを行っている。測定したデータに基づき、快適な履き心地で足形にフィットするシューズをその場で推奨してもらえる。科学的根拠に基づくアドバイスは納得性が高く、選ばれたシューズが自分の足にフィットしている感覚を得ることができる。顧客にとって、データに基づいたフィット感を体感できることが、大きなメリットとなる。

　こうしたきめ細かな分析結果は、顧客体験を高める。デジタル・サービスは、One to One とリアルタイム性が重要であり、見える化されたデジタルデータは、アシックスと顧客が共有する。同じ情報を共有することは、顧客のアシックスに対するロイヤリティを生み、この一連の体験が商品価値と顧客満足度を高めていくのである。

EC の強化

　インターネット上で、モノやサービスを売買することが日常であり、その取引のことを EC（Electronic Commerce、電子商取引）と呼ぶ。企業側の EC のメリットは、24時間体制の販売、在庫の一元化、受注生産、予約販売、顧客管理やロイヤルカスタマーの囲い込み、購買者の傾向や頻度情報収集、グローバル市場への展開、などマーケティング面のメリットだけでなく、商品・顧客情報の管理や購入履歴、などのデータベース化によって顧客管理が可能になる。こうした一連のデータを蓄積し、顧客接点を強化するためにも EC の取り組みは極めて重要なことである。

　グローバルに展開しているアシックスは、EC とコンテンツ、顧客管理システムを連携する世界共通の E コマースプラットフォームを確立し、一貫したブランディングを行うことができるようになった。EC を強化することは、グローバルにおける販売、在庫データなどの管理、購入履歴、顧客情報の管理などの課題が解決される。また、情報が一元化されることで、データ分析ができ、今後の製品開発や新サービス、顧客に対するパーソナライズサービスなどに活かすことができる。

第14章

アシックスのスポーツテック

　スポーツテック（Sports-Tech）とは、スポーツ（Sports）とテクノロジー（Technology）を掛け合わせた造語である。スポーツ分野におけるデジタル技術

Column14 - 2

エッジAI

　エッジAI（edge AI）とは、エッジデバイスに搭載されたAIである。エッジデバイスとは、ネットワークに接続されたシステムの末端にある装置を指す。IoTがいろいろなところで使われるようになると、発生するデータ量は膨大となる。データの発生と同時にリアルタイムで処理できればシステム全体の情報処理負荷は軽減できる。このような分散処理をエッジコンピューティングといい、ここで用いられるのがエッジAIである。一方、エッジAIと対照的なAIがクラウドAIである。センサーを備えたIoTデバイスがネットワークを介してデータを送信し、遠く離れたデータセンターで情報処理をするのがクラウドAIである。

　世界的なAIプラットフォームは、ほとんどがクラウドAIである。したがって現在、AIと言えば、通常はクラウドAIのことを指す。しかし、クラウドAIには、瞬時の判断や制御が要求されるようなシーンに対し、ときに処理が追いつかなくなるという欠点がある。それに対し、エッジAIの長所はレスポンスの速さであり、通信障害やセキュリティに強く、通信コストが安いという特徴がある。一方で、エッジAIを利用する方がハードウェア、管理面から費用が掛かる。

　エッジAIは、工場の機械や設備、工業ロボットのオンライン・メンテナンスに有効である。第13章の三浦工業のボイラーの事例にもあるように、機器の状態をセンサーで常時計測・監視し、機器の不具合や故障する予兆を感知するとすぐにアラートを発して部品を交換・修理するのがオンライン・メンテナンスである。オンライン・メンテナンスにはAI技術が利用されているが、クラウドAIに頼るシステムはリアルタイム性に問題がある。そのため、エッジAIを用いて常にメンテナンスが必要な機器の近くから監視し、故障の予兆を見つけ、迅速に対応することで、オンライン・メンテナンスが成立している。

が、スポーツの質を高めると共に、私達のスポーツライフをより豊かにしくれる。企業にとって、新たな価値の創造とビジネスの創出に繋がる。スポーツテックは、スポーツ関連企業がそれぞれ持っている既存の製品や強みやサービスとデジタルを融合させることで、革新的な製品とサービスを新たに創出させる。例えば、時計・電子機器メーカーのカシオの強みであるIT技術（センシング＆AIアルゴリズム）とアシックスが協業し、ウェアラブルデバイス（手首や腕、頭などに装着するコンピューターデバイス）を用いたランナー向けサービスを共同で開発した。カシオは

ランニングをスマホアプリ「Runmetrix」と連携できるモーションセンサーのセンシングで走行時間や距離、軌跡、ランニング計測・記録など解析し、そのデータをG-SHOCKで表示する。アシックスはそのデータを基に、ランニングフォームの改善、健康管理といったパーソナルコーチングサービスを提供する。

　他にも、足元の動きを精緻に計測・解析する独自のセンシング技術を持つベンチャー企業No new folk studio（ノーニューフォークスタジオ、東京・千代田）と、アシックスがAIを搭載したスマートシューズ「EVORIDE ORPHE（エボライドオルフェ）」を共同開発した。センシング技術で「走り方」をデータ化し、ランナーの目標達成をサポートするなど、スポーツ業界以外の異業種企業と融合することで、新たな視点から新しいサービスやプロダクトを生み出している。

4　スポーツとデジタル

◎ アシックスのデジタル・サービス

　アシックスは、スポーツシューズを主流として製造販売をしてきた長い歴史がある。近年では商品提案や情報・トレーニング・健康関連に関したデジタル・サービスにも力を入れている。2021年から「デジタルを軸にした経営」へ転換を図り、グローバルに多様化する顧客に対して、パーソナルサービスを定期的に進化させ、新たなサービスを提供する仕組みを構築している。

　スマートフォンの普及により、アプリ利用者が増加し、特に健康状態のモニタリングや運動量の追跡を目的としているユーザーの目標管理や健康的な行動変容を促進するためのツールとして、スポーツ・フィットネスアプリの利用者が増えている。アシックスは、デジタル戦略の中核を担う組織として、スマートフォン端末のGPSでランニング、ウォーキング、サイクリングなどの運動を追跡・記録するフィットネス・トラッキング・アプリ「Runkeeper」を運営する米国のFitnesskeeper,Incを2016年に買収した。その後、2018年にアシックス・デジタル社に改称し、アシックス本体に新設したデジタル推進部と連携させた。買収の目的は、デジタル技術の促進だけでなく、アシックスのモノづくりの技術と融合させ、今まで以上にアシックスの企業価値を向上させることにある。そして、グロー

第14章

バル市場でのアシックスブランドとしての高い認知度、世界に広がるユーザーを取り込むことを念頭においている。

　デジタル・サービスの一環として、2010年には1人ひとりのレベルや走る頻度などに合ったトレーニングメニュー、目標達成を支援するオンラインランニングサービス「My ASICS」を立ち上げ、ヨーロッパを中心に展開してきた。その後、買収した「Runkeeper」と「My ASICS」とを連動させ、「ASICS Runkeeper（アシックス ランキーパー）」として、サービスを拡大し、コンテンツ利用者のランニング、ウォーキング、サイクリングなどの運動データを蓄積すると同時に、健康管理や運動の計画づくり（目標設定・トレーニングプラン・進捗状況の管理）に役立てられるサービスを新たに開始した。アプリを通してユーザーである世界中のランナーと繋がり、彼らの情報を一括管理できる仕組みを作り上げた。

　また、顧客との接点をより強化するために2018年に開始した無料会員サービス「OneASICS（ワンアシックス）」を軸に、ランニングレース登録サイト「Race Roster（レースロースター）」、フィットネス・トラッキング・アプリ「ASICS Runkeeper」、パーソナルコーチング「Runmetrix」などのデジタルコンテンツとECを連携させ、アシックス独自のランニングエコシステムを構築している。実際に、チームで参加できるバーチャル駅伝レース「ASICS World Ekiden 2020（アシックスワールドエキデン2020）」、2021年には、バーチャルで楽しめる「World Uplifting Minds Run」を開催し、国内外のユーザーに対してイベントを発信している。デジタル技術が、ランナー同士のコミュニティの形成、同じ目標を持つ世界中の人々を繋げ、彼らの健康維持と質の高いスポーツライフとコミュニティのサポートを可能にしている。

【表14‐1　アシックスのデジタル化の取り組み】

1991	３次元足形計測器開発
2010	「My ASICS」アプリの立ち上げ （１人ひとりのレベル、走る頻度などに合った効率の良いランニングトレーニングメニュー）
2011	「MY ASICS」に様々な研究内容を取り入れ、改良しグローバルで展開
2012	「MY ASICS」を、国内で展開開始
2015	「Marathon Tracking APP（マラソントラッキングアプリ）」を開発し、機能実験を実施
2016	フィットネス・トラッキング・アプリ「ランキーパー（Runkeeper）」を運用する米国 Fitnesskeeper,Inc を買収
	米国ボストンに「The Global Digital Division」を設立
2017	「歩行姿勢測定システム」を NEC ソリューションイノベータと共同開発
	ランニングフォーム分析アプリ「Run-DIAS（ランディアス）」を、株式会社ディケイエイチと開発
	足形計測スマートフォンアプリ「MOBILE FOOT ID（モバイルフットアイディ）」を開発、日本とアメリカでサービス開始
	トレーニングメニュー　モバイルフィットネスアプリ『ASICS Studio』サービス開始
2018	Fitnesskeeper,Inc をアシックス・デジタル社に改称
	ランニングフォーム分析アプリ「ASICS RUNNING ANALYZER（アシックスランニングアナライザー）」を東京マラソン EXPO2018で初めて導入
	産業用ロボットによるシューズ自動生産システムを開発
	アバターによるデジタル空間で CG を利用した新たなウエア設計技術を開発
	無料会員サービス「OneASICS（ワンアシックス）」開始
2019	企業向け健康増進プログラム「ASICS HEALTH CARE CHECK」を開発
	「ASICS RUNNING ANALYZER」に、ランナーのプロネーションタイプを判定する新機能を追加
	「Race Roster（レースロースター）」を運営する Fast North Corporation（ファストノースコーポレーション / カナダ・オンタリオ州）のランニングレース登録サイト事業を買収
2020	足の動きをデータ化するセンシングソリューション「ORPHE TRACK（オルフェトラック）」などを開発するスタートアップ企業の株式会社 no new folk studio（ノーニューフォークスタジオ））に出資
	アシックス無料会員サービス「OneASICS（ワンアシックス）」で、ポイントプログラムを導入（メンバーシッププログラム）
	スポーツ競技や運動の記録を、簡単に記録・分析できるスポーツデータ統合システム「TUNEGRID（チューングリッド）」を開発
	ASICS × no new folk studio（ノーニューフォークスタジオ）共同開発、独自のセン

第14章

213

	シング機能により「走り方」をデータ化するスマートシューズ「EVORIDE ORPHE」販売開始
2021	施設や工場内における従業員の位置情報などを分析し、労働状況を可視化する「ワーキングソリューションシステム」を開発
	カシオ×アシックス　ランナー向けパーソナルコーチングサービス　ランニングアプリ「Runmetrix（ランメトリックス）」の提供開始
	足形を計測できるデジタルツール「ASICS QUICK SCAN（アシックスクイックスキャン」による足形計測サービス開始
	EMOTIV 社と共同で、脳科学や被験者の運動データを分析し、スポーツが感情と認知能力に対し、どのように貢献したかを定量化、可視化する「Mind Uplifter」を開発。

出所：アシックス・ホームページをもとに著者作成。

◎ アシックスのビジネスモデル

　図14-1は、アシックスの目指すビジネスモデルを図式化したものである。このビジネスモデルは、無料会員制度「OneASICS」、ランニングやウォーキングを目的としたコンテンツ「Race Roster」、「ASICS Runkeeper」、「Runmetrix」、店頭での計測を通じて収集された足形、プロネーションなどのデータを、クラウド

【図14-1　アシックスのビジネスモデルと PDCA サイクル】

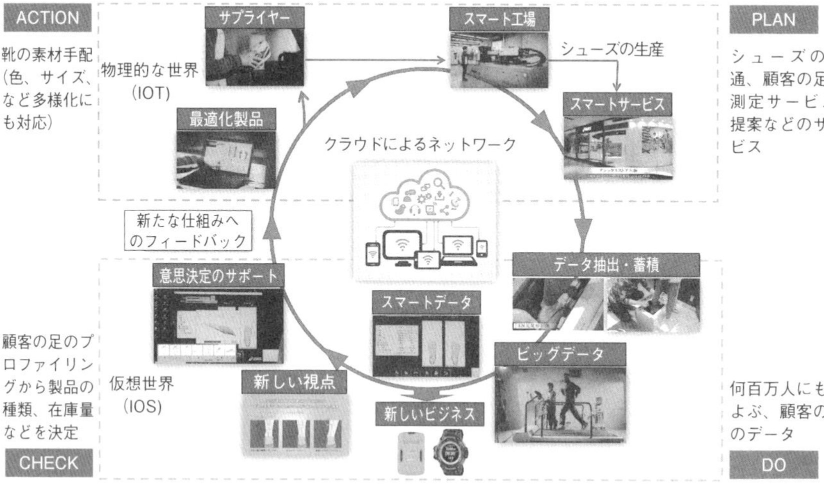

出所：アシックスの許可を得て著者作成・掲載。

を通じてビッグデータ化し、図中下部のデータ蓄積、分析といった仮想空間上で、AIによる解析結果から生み出された新しいビジネスプランから構成され、創造されたアイデアは、図中上部の製品開発、生産、流通といった物理的なサプライチェーンによって実現される。重要なのは、こうしたデータ蓄積と実際のビジネス上で得られたデータが循環し、PDCAサイクルを形成している点である。こうしたビジネスの仕組みはアシックス独自のものであり、生産を行うサプライヤー、販売を行う流通企業、新しいビジネスの協業先など様々な企業や組織が関係しており、全体として、アシックス独自のビジネスモデルが形成されるのである。

◉ DX変革のビジョン

　2020年にアシックスが行った、世界12カ国、約1万4,000人を対象にしたランニングに関する意識調査で、「コロナ収束後も約75%が引き続き運動を継続する。」、また、その回答の3分の2が「運動することによって精神的に救われた。」という結果を得た。つまり、コロナ禍の状況においても、心身共に運動が非常に良い影響を与えているということが分かった。アシックスは、創業哲学「健全な身体に健全な精神があれかし」を表す、「Sound Mind, Sound Body（サウンド・マインド，サウンド・ボディ）」というブランドスローガンを掲げ、これを実現するためには、スポーツや運動が持つ力というものを、心と体という観点から、心身の健康を維持するためのスポーツの促進、スポーツによって得られる精神的な変化に対して、「モノ」と「コト」という観点を、より一層価値あるサービスを提供するという施策に落とし込んでいる。これから先、顧客1人ひとりに合った運動の仕方、運動の価値観を持つため、「パーソナル」というのが1つのキーワードになっている。デジタル技術を通したパーソナルの実現、さらには企業の存続、もしくは地球環境の存続ということを考えると、「サスティナブル」という部分が非常に重要なキーワードになってきた。これらのキーワードを通して、アシックスは；

① 　今までやってきた製品、シューズ・アパレル・エキップメント事業。
② 　「ファシリティ＆コミュニティ」、今まで限定していたフィジカルという場からバーチャルということを考慮しながら、生活もしくはライフスタイルに合った場の提供。
③ 　「アナリシスとダイアグノシス（分析と診断）」、ウェアラブルデバイスを通したデジタル技術を、デバイスによって得られた情報を価値として顧客に返還して

第14章

いく。

　この新しく設定した3つの事業ドメインを、2030年に向けて拡大していこうというのがアシックスの目標である。モノとコトを連動させて新たな価値を創出するというのが基本概念であり、具体的には、ウェアラブル技術を通したデジタル技術を活用した新たな体験を顧客に提供することである。つまり、製品を提供することから得られた顧客情報を収集し、新たに価値創造を行っていくことが非常に重要になる。パーソナル、カスタムシューズ、カスタムプロダクトにフォーカスし、必要なプロダクト、サービスを提供するサプライチェーンを新たに提供することと考えている。アシックスのプロダクトを購入してくれた顧客とつながることで、顧客のプロダクトの使用状況のデータを収集し、そのデータ解析を通じて、新たなサービスやプロダクトを提供するプラットフォームを創り、健康、スポーツにかかわるエコシステムを創造することがアシックスのDX変革なのである。

5　おわりに

　本章では、アシックスのケースを通して、同社のデジタル戦略、スポーツとデジタルの関連性、DX変革のビジョンについて学んできた。これまでモノづくり企業は、プロダクト生産が中心だったが、デジタル化やIT技術の発展により、消費者は「モノを所有」するだけでなく、情報や体験などのサービスを重視する「コトを体験する」へと変化してきた。デジタル経営では、モノとAIやIT技術を融合させて、新たな価値創造を創出できる企業が存続する。企業は、一度でも接点を持った顧客に対して、定期的にサービスをアップデートし、常に感動や驚きを与えられるような仕掛けや仕組みを投入することが不可欠である。モノからコトへのシフトが加速している中で、AI、IoT、VRといったデジタル技術を駆使し、スポーツ全体にどのような影響をおよぼしていくのか、今までにないスポーツの楽しみ方ができることを期待していきたい。

？考えてみよう

①　アシックス以外のスポーツ関連企業が、デジタル技術をどのように応用しているか、具体例を考えてみよう。

②　デジタル技術を活用したスポーツ製品のアイデアを考えてみよう。

③　顧客にパーソナルサービスを提供することが、なぜ重要なのかを考えてみよう。

主要参考文献

安部慶喜、柳剛洋『DX の真髄―日本企業が変革すべき21の習慣病』日経 BP、
　2020年。

東京大学大学院特別講義『スポーツビジネスイノベーション』日経 BP、2019年。

原田宗彦『スポーツ地域マネジメント―持続可能なまちづくりに向けた課題と戦略』
　学芸出版社、2020年。

次に読んで欲しい本

☆アシックスの「歩く」について、詳しく学ぶには。

　アシックススポーツ工学研究所『究極の歩き方』講談社現代新書、2019年。

☆ DX 変革について、詳しく学ぶには。

　内山悟志『これからの DX』MDN コーポレーション、2020年。

第14章

第15章

シェアリング・ビジネスとダイナミック・プライシング
：akippa

1 はじめに

　皆さんは、モノやサービスの購入や予約、調べものについての情報を得る手段として、スマートフォンやパソコンを通じてインターネットを利用するだろう。操作は簡単であり、情報量も多く、検索も早い。その手軽さは、私たちにとって有難いツールである。また、こんな経験はないだろうか。使用しなくなった真新しい服や靴など捨てるにはもったいないモノを売りたい、自宅の部屋や駐車場の空きスペースを時間貸ししたい。その逆に、ブランド品を身に着けたいが購入するだけの予算がない、スポーツ観戦に行きたいが目的地に近いパーキングが見つからない、といった誰しも思い当たる経験があるはずである。

　本章では、自分が所有保有しているものを有効活用したい人と利用したいと考えている人を、インターネット上で紹介するマッチング・ビジネスについて理解を深める。また、マッチング・ビジネスにおいては、モノやサービスを提供する側と受ける側、両者が納得する価格を提示する必要がある。モノやサービスの需給に応じて価格を変動させる仕組みを、ダイナミック・プライシング（Dynamic Pricing）という。

　本章では、身近な空きスペースの有効活用を望んでいる人と、目的地周辺に適正価格の駐車場を利用したい人をインターネットを用い、誰でも簡単に駐車場をシェアできる駐車場予約サービスとして立ち上げた akippa 株式会社のケースを通じて、マッチング・ビジネスとダイナミック・プライシングについて学ぶ。

2 事例：akippa

◈ akippa の成り立ち

　2009年に設立された合同会社ギャラクシーエージェンシーは、営業代行ビジネスを展開していた。その後、akippa 株式会社（以下、akippa）と会社名を変え、駐車スペースの貸し手と駐車場を探している顧客のマッチングを行う、独自のプ

【写真15－1　akippa（なんばパークス）】

写真：akippa 提供

ラットフォームを作り上げた。会社設立当時は、資金繰りが厳しい時期もあり、社長の金谷元気は、自分が何のために会社をやっていくのかを考えていた時、常にあきらめないという気持ちを原動力にして、「『なくてはならぬ』をつくる」というミッションを掲げた。

　そのミッションの実現のために、世の中の困りごとを全社員で考え抜き、200個を壁に書き出した。その中で女性社員の書いた「駐車場は、現地に行ってみないと満車かどうかわからないので困る」、その一方で、「使われていない月極駐車場や個人宅の駐車場が多い」、という書き込みから、駐車場を見つけるのに困っている人を、インターネット上でマッチングするサービスを考えた。スタート時は、自らがプロデューサーとなり、チームをけん引して、事業を立ち上げ、大阪をベースにビジネスを展開することを決めた。

　ベンチャー企業に必要なヒト・モノ・カネという面では、大阪も充実してきており、物価や家賃も東京と比べて安いというメリットがある。資金面においても、ベンチャーキャピタルは関西の企業にも出資するようになり、実際に、akippaも35社からの出資を受けた。東京と大阪は、ヒト・モノ・カネについて大差はない。しかし、東京は大阪よりもはるかに情報量が多い。このことが大阪からメガベンチャーが誕生しない理由だと感じていた。そこで、2011年、東京オフィスを開設し、情報収集にも力を入れた。その後、2014年、駐車場予約アプリ「あきっぱ！」のサービスを開始し、社名も「akippa」に変更した。現在、トヨタ自動車や

第15章

SOMPO ホールディングスをはじめとする大手企業とも提携し、予約駐車場サービス、駐車場のシェアサービスで業界1位を誇っている。

◈ akippa のビジネスモデル

　2014年の設立から7年の月日をかけ、akippa の累計会員数が220万人、累計駐車拠点数が４万6,000拠点を超え、サービスは順調な成長を見せている（**図15‐1参照**）。akippa のサービスは、自宅駐車場、空き地、商業施設やビルの駐車場の空きスペースを所有しているオーナーがオンライン登録だけで、設備投資の必要無く、駐車場経営をスタートできることだ。駐車場を利用したい人は、オンラインで探す、予約する、決済する、利用するという簡単なステップでサービスを受けることができる。

　この利用特性上、事前予約が必要であり、ドライバーが支払った利用料金の約半分が駐車場登録したオーナーへ、そしてその半分が akippa の収益として入る仕組みである。ユーザーにとってもオーナーにとっても Win-Win の関係を、akippa がインターネット上のプラットフォームで仲立ちをしている。

【図15‐1　akippa 累計会員数と拠点数】

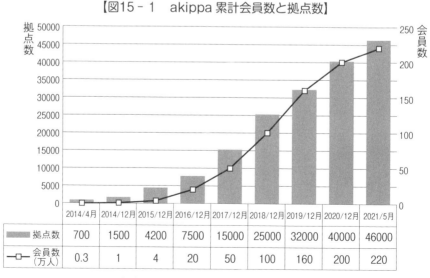

	2014/4月	2014/12月	2015/12月	2016/12月	2017/12月	2018/12月	2019/12月	2020/12月	2021/5月
拠点数	700	1500	4200	7500	15000	25000	32000	40000	46000
会員数（万人）	0.3	1	4	20	50	100	160	200	220

出所：akippa ホームページより著者作成。

3 シェアリング・エコノミー

◉ シェアリング・エコノミーとは

　シェアリングエコノミー協会によると、シェアリング・エコノミーは、「場所・乗り物・モノ・ヒト・カネなどの遊休資産をインターネット上のプラットフォームを介して個人間で貸借や売買、交換することでシェアしていく新しい経済の動きのこと」とされているが、様々な定義が存在し、明確に定められていないのが現状である。

　akippaでのシェアリング・エコノミーという考え方は、SDGsが求められる世の中の、「ムダ」、「もったいない」を解消する手段として世界的に注目されている概念だと考えている。ヒトの場合、時間やスキル、モノなら衣類、鞄、場所なら使っていない駐車スペースや部屋・家といったように、所有・保有している人がそれを必要とする人に必要なタイミングでシェアするという考え方である。世界的にはアメリカの配車サービスUberや、インターネットで空き部屋を貸し出すAirbnbなどの多様なサービスがこれに当たる。日本でも、駐車場シェアリングの他にカーシェアリング（Anyca）や空きスペースシェアリング（SPACEMARKET）、モノシェアリング（メルカリ）などのサービスが浸透しつつあり、モノや場所などの所有から他人と共有するという考え方が定着してきている。

◉ シェアリング・エコノミーの特徴

　シェアリング・エコノミーの特徴は、シェアリングするアイテムを提供する売り手側と、利用する買い手側が存在することである。また、シェアリング・エコノミーの基本は誰かが所有している資産をシェアするため、現状のまま、または少しの改修費のみで稼働させることが出来ることである。これは、資産を共有するハードルが低いことを意味し、より多くのシェア可能な資産を集めることが容易となる。ビジネスの観点から見ると、少額でも収入を得たい提供者に対しては、大きなメ

第**15**章

リットとなるが、高額の収入が得られないと、あまり魅力あるビジネスとして認められない側面もある。

　しかし、使われていない資産は、その存在自体が所有者を「もったいない」と感じさせるため、その資産をシェアすることによって、「もったいない」と思わせる不快感を払しょくする作用がある。これは、個人資産に対して、所有者の心理的安全性がもたらされることが訴求でき、法人資産に対しては、社内での無駄を省いたことへの評価・称賛や、世の中から求められる SDGs としての観点での、社会貢献が出来ることがメリットとなり、同時にビジネスチャンスが広がる可能性は高くなる。

　また、提供者から提供されるシェア資産は市場で購入する新品とは異なるため、一般的な市場価格よりも価格が抑えられて提供されていることが多い。そのため、利用者からすると同等の価値のものが安価で調達することが可能となる。そのため、顧客の層が広がり集客効果が見込める。また、値引きや割引といった概念ではなく、提供者側と利用者側の両者がそれぞれ、「安価で調達したのではなく、シェアリングしている」と意味づけを共有することができる。

　一方で、自動車のシェアリングでは、利用者にはメリットが大きいが、自動車メーカーにとっては、逆効果になる可能性が大きい。利用者がシェアリングによってニーズを満たすことで、本来、購入され、所有されるはずの自動車がその機会を逃すためである。自動車業界全体からの反発を受けることによってビジネス機会を失う可能性がある。

◈ シェアリング・サービスの可能性

　シェアリング・サービスは、多くの場合、サービス利用者にとって低コストというメリットを感じさせることが多く、出かけた時の現地での消費を活性化するため、今までサービスを利用したことがなかった人にまで、利用が広がる可能性がある。また、サービスによるものの、一度体験して満足度が高ければリピーターになり、継続的な利用に繋がることもある。

　一方で、不特定多数がサービスを提供・利用するという要素があるため、利用する側は受けたサービスの価格と質に不満を抱く場合もある。提供する側は、マナーの悪い利用者によりトラブルが発生する場合があり、そのため互いの安全や信頼を、一定の水準で確保することが難しい。基本的にオンラインでのサービスであるため、

信頼されにくい側面がある。また、このサービス自体が、比較的新しいサービス形態のため、事故やトラブルが発生した場合、既存の保険が適用されなかったり、補償の範囲がどこまで適用されるか不明確な側面があり、満足な補償を受けられなかったりする可能性がある。

　ビジネスの観点で見ると、シェアリングする資産が高額であるほど影響が大きく、保険・補償の考え方が明示されていないと提供者・利用者共に不安に感じるため、障壁になる可能性がある。このようにメリット、デメリットをトータルで考えると、このビジネスモデルは時代に即しており、デメリットについても、サービスで解決できる部分もあり、時間とともに仕組みが整備されている。

4　マッチング・ビジネス

🌀 マッチング・ビジネスとは

　akippa の駐車場予約サービスは、駐車場として空きスペースを無駄なく有効活用したいオーナーが貸情報をオンラインで登録するだけであり、登録されている駐車場を利用したいユーザーとのマッチング・ビジネスである。ビジネスで用いられるマッチングとは、人材の募集や取引先など、引き合わせを行うことである。また、

【図15-2　マッチング・ビジネス】

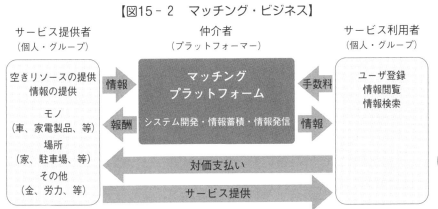

出所：著者作成。

マッチングを行う業者やそのサービスを指す場合もある。最近のマッチングは、インターネット上でサービスが提供される。

　図15－2にマッチング・ビジネスを示しているが、多くの場合、仲介者がインターネット上にマッチング・プラットフォームを設定し、サービス提供者から寄せられた情報を掲載し、それに興味を持った利用者とのマッチングを行い、成立した場合、その手数料が仲介者に入る仕組みである。このビジネスは、デジタルを通じて、出会いに付加価値を与える役割をしている。

　デジタルを活用したことで、マッチング・ビジネスのグローバル展開に成功したのが、2008年にアメリカ、サンフランシスコで創業したAirbnbである。留守中の自宅や所有するアパートやマンションの一室などを宿泊用の部屋として提供したい人が情報をサイト上に掲載し、宿泊先を探しているツーリストとマッチングするサービスである。2020年9月には、情報登録国・地域220以上、物件は、560万件、通算ゲスト数9億人を超えている。そして、Uberも同様にグローバル展開に成功したマッチング・ビジネスである。タクシーなどのライドシェアを始め、フードデリバリーのUberEatsや、電動自転車・電動スクーターのレンタル事業を行っている。アメリカ、サンフランシスコに本社を置き、世界71ケ国、1万近くの都市で展開している。2020年には、Uberは月間ユーザー数が世界中で9,300万人となり、2021年、アメリカライドシェア市場でUberが68%、UberEatsは食品配達市場の21%を占めている。

◈ 顧客の信頼獲得の重要性

　マッチング・ビジネスで重要なことは、顧客からの信頼性をいかに高めることができるかである。単に受発注に関わるだけでなく納品や決済までフォローし、トラブルを防ぐ仕組みを備えなければならない。Uberの場合、サービスを始めた初期には、犯罪行為が横行したことがある。乗客の安全を最も重要な課題とし、運転手の身元確認などを義務付けているが、犯罪トラブルはゼロにはなっていない。現在では、乗客と運転手の相互レビューの機能をアプリに追加し、対応している。マッチングサービスでは、プラットフォームの信頼性が最も重要な課題であることはUberの事例からも明らかである。

　akippaは、Webサイトやアプリに掲載される駐車場情報である駐車スペースのサイズや写真などの情報は、提供者自らが登録する。利用者は、登録された情報

Column15 - 1

マッチング・ビジネス

　akkipaのビジネスモデルは、マッチング・ビジネスである。空きスペースを無駄なく有効活用したい人（提供者）と、駐車場として利用したいユーザー（利用者）との間で契約が成立することによって、お互いの要望が叶えられる。このように、マッチング・ビジネスは、商品・サービスを「提供したい人」と「利用したい人」の橋渡しで報酬（手数料）を得るビジネスモデルである。

　「akippaは『困りごと解決企業』である」と会社が定義付けられているように、人が抱えている悩みを解決できる商品・サービスの橋渡しをすることで、利用者の解決・克服に繋げられることがビジネスの本質となる。マッチング・ビジネスにおいては、紹介手数料(仲介報酬)が主たる収益となるが、他にも反響課金、成果報酬課金、登録料、広告料などで収益を得るケースもある。近年では、マッチング成立後のやり取りや決定価格など、過去の取引情報を蓄積しデータベース化することにより、AIを用いて最適なマッチングも行われるようになってきた。

　マッチング・ビジネスには、企業同士（B2B）、企業と消費者（B2C）、消費者同士（C2C）などの形態がある。商品やサービスを直接扱わないため、提供者と利用者を仲介する仕組みとしてプラットフォームの充実が最も重要になる。デジタル社会では、スマートフォンの普及がマッチング・ビジネスを加速させる。そのため、マッチング・ビジネスを始める場合には、サイトやブログなどのウェブ媒体を通じた集客が成功のキーとなる。ウェブ媒体さえ上手く作ることができれば、大企業だけでなく中小企業や個人事業主でもマッチング・ビジネスを行うことができる。グローバル展開をしているUberEatsの場合、アプリをインストールすることで、好きな店の食べたい料理を選択できる。そして簡単に注文ができ、決算を完了できる。これこそがマッチングである。この利便性が世界中で支持されている。

を検索してサービスを受ける。提供者が登録した情報を利用者と共有するため安心感や信用性はあるが、駐車スペースの場所を確認しにくい写真もあり、利用者が現地ですぐに場所を探し出せないトラブルも起こり得る。このように、提供者が利用者に不満足を与えた場合、サービスの評価はマイナスに、逆に、利用者が満足した場合にはプラスになる。同様に、利用者が駐車スペース提供者に満足・不満足を感じさせることもある。つまり、こうしたマッチングサービスでは、サービスの価値

第15章

は、利用者にとって大きくバラツキが出るという側面もある。しかし、何も生まない空きスペースだった場所が、マッチングが成立することで価値あるものに変化する効果は大きい。

◈ 駐車場のデジタル化の価値

　駐車場ビジネスでは、大手のコインパーキング企業である「パーク24」などでは、既に駐車場情報がデジタル化され Web 上で開示されている。しかし、私たちが検索できる Web 上での情報は、ごく一部であり、実際には公開されていない小さな駐車場を数多く見かけることがある。この検索しても出てこない駐車場の隙間を akippa が着目し、そのパーキングスペースのデジタル情報化を進めた。

　また、akippa の事前予約は30日前から可能であるが、例えば、3,000円に設定し、予約が入らない場合、対策として値付けを2,500円にし、その1週間後に2,000円にするなどの、初期の価格設定や値下げ、逆に需要が大きい場合の値上げなど、需給状況に応じて価格を変動するダイナミック・プライシングを導入している。こうした価格設定を、AI により過去のデータや需要供給を分析し、自動的に行うことが研究されている。AI による様々なシミュレーションは、完璧な課題解決には至っていない。しかし、このようなシミュレーションが可能となるのは、今まではインターネット上に存在しなかった駐車場情報や、複雑な料金の設定情報がデジタル化されているためである。

　駐車場情報のデジタル化は、今後、普及が望まれる MaaS（Mobility as a Service ＝移動のサービス化）にとっても重要な課題となる。MaaS とは、個人の移動を様々な移動手段を含めて最適化し、利用者の利便性を高めるものである。MaaS により、目的地まで最適な方法が車移動と判断された場合、駐車できる場所がキーとなるため、目的地の駐車スペースの確保は必須条件となり、今後、この分野での akippa の存在感は大いに高まることになる。akippa が拠点としている4万6,000ケ所のデータは、既にデジタル化され整備されている。MaaS の利便性を最大化できるのは、デジタル化された位置情報の提供と、駐車スペース予約が可能な企業である国内唯一の akippa だけであり、その優位性は明らかである。

Column15 - 2

ダイナミック・プライシング

　「30分 200円、駐車後24時間 1,200円」などと書かれた、運転中でも読み取れるような大きな看板を掲げた街の駐車場を考えてみよう。この駐車場が価格を変更するには、看板の価格部分をペンキで塗り替えたり、精算機の設定を変えたりする作業が必要になり、材料費や作業の人件費などのコストがかかる。このような価格を変更する際に事業者が負担するコストをメニューコストという。メニューコストがかかるため、この駐車場での頻繁な価格変更は簡単ではないことが想像できる。

　インターネットを通じて商品やサービスを提供する場合、メニューコストは低くなり、柔軟に価格を変更することができる。需要と供給の状況に応じて価格を変更するダイナミック・プライシングは、インターネット上で柔軟に価格変更が可能であること、さらには需要と供給に関するデータを取得しやすくなったことで様々な分野で導入が検討されるようになった。

　ホテルや航空会社などでは、早期予約で割引されたり、需要が高まる休日は値上げされたりするなど、かねてよりダイナミック・プライシングが行われてきた。これらは過去のデータなどを用いて需要予測を行い、収益を最大化するように価格設定が行われている。最近ではテーマパークやイベントでも混雑緩和を目的に導入され始めている。Amazon などの EC サイトではユーザーのデータや商品の売れ行きに応じて、より細かく価格設定が行われている。EC サイトでよく見られる他の商品との組み合わせてのバンドル販売や時間限定のタイムセールなどもダイナミック・プライシングの手法である。

　一方でダイナミック・プライシングは批判を受けることがある。米 Uber はハリケーン襲来時に、タクシーの需要が急増したことに対応して運賃が高騰したため批判を受けた。多くの企業にとって、ダイナミック・プライシングをうまく活用した適切な価格設定はまだ模索されている段階だと言えるだろう。

🌀 駐車場難民の解消

第 **15** 章

　「駐車場難民」という言葉は、古くから使われている。野球場やサッカー場、コンサートホールなどで大きなイベントがある際、なかなか駐車場をみつけられない

人たちを指す。akippaがこの駐車場難民の問題解決に取り組んだ例として、Jリーグ名古屋グランパスのホームスタジアム豊田スタジアムで行われる試合での、「駐車場不足」解消がある。2019年にakippaと名古屋グランパスは「駐車場パートナー」提携を行い、豊田スタジアム周辺の住民の空きスペースや中学校の校庭を駐車場として登録してもらい、地域が一体となって「駐車場難民」の問題解決の一翼を担ったことで、社会貢献にも繋がった。

　akippaのサービスの売上の多くは、コンサートやイベント開催時の周辺駐車場の予約である。イベントの大きさや、客層などにより駐車場予約が生み出す価値の高さは異なってくる。akippaは過去のデータを蓄積しており、イベントごとの料金設定をある程度把握できているため、ダイナミック・プライシングにより通常よりも高値で設定したとしても、イベント時の予約の受け入れが可能になった瞬間に駐車場予約を完売させることができる。

　また、イベント以外での料金の設定は、近隣コインパーキングより何割か安い設定を行っており、利用者から見た時に利用する動機が働く設計としている。本来、通常料金をコインパーキング並の料金を設定したいところだが、駐車場シェアリング・サービスの認知度はまだまだ低く、現時点ではサービス戦略上コインパーキングよりも安い料金を設定しなければならない。「立地」については、ほとんどの場

【図15-3　akippaのビジネスの仕組み】

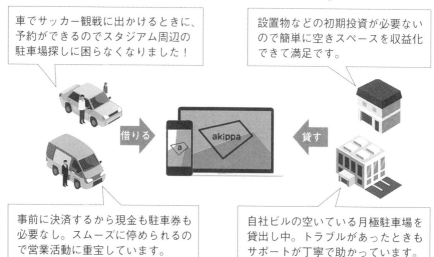

出所：akippaの許可を得て掲載。

合、利用者が行きたい目的地に対して、近い駐車場を望んでいることが分かっている。つまり、目的地に近い駐車場を提供することが出来ると、顧客満足度は高くなるということである。

5 おわりに

　本章では、akippa の事例を通じて、シェアリング・エコノミーやマッチング・ビジネスなどについて学んできた。すなわち、これまでアナログでビジネスが成り立っていた駐車場業界に、akippa のマッチング・ビジネスはイノベーションを起こした。現在では、駐車スペース提供者がなぜマッチングサービスに資産を提供するのかという背景を理解したうえで、報酬の目標を設定することが駐車場シェアリング・エコノミーにおいて重要課題であることが明らかとなった。

　akippa の「『なくてはならぬ』をつくる」という経営理念を軸に、常にビジネスチャンスを狙っている。例えば、駐車場企業なのか、あるいは IT 企業かという質問には、「akippa は『困りごと解決企業』」という答えが返ってくる。それでは、何の困りごとを解決しているかと言うと、単なる駐車場の困りことではなく、人と人との出会い、つまりマッチングの手助けになることをしたいと考えている。そのためには、AI やクラウドを活用した新たなビジネス戦略が、さらなる飛躍のカギを握る。近い将来、自動運転の機能を持った車が走り始めると、駐車場も充電スポットを兼ねる必要が生まれるだろう。

　次は、充電スポットのシェアリング・ビジネスへと進化していくことが考えられる。akippa は、次世代のガソリンスタンドのような存在になると考えており、駐車場サービスで世界ナンバーワンにたどり着くことを VISION に持っている。周囲を見渡してみると、まだまだ、マッチングできる材料が多くある。今後、駐車場、車、他サービスがデジタルを介して、どんな新しいビジネスを展開していくのか、そして新たなイノベーションが起きてくるのか多くの可能性があるビジネス領域である。

第15章

❓ 考えてみよう

① 興味のあるマッチング・ビジネス企業を調べ、メリット・デメリットを考えてみよう。

② 　自分ができるシェアリング・サービスを、考えてみよう。

③ 　ダイナミック・プライシングの事例を調べ、今後のどのようなビジネスでダイ
　　ナミック・プライシングを活用できるのか考えてみよう。

主要参考文献

アルン・スンドラランジャン（門脇弘典訳）『シェアリングエコノミー』日経 BP 社、
　　2016年。

ティエン・ツォ、ゲイブ・ワイザート（桑野順一郎監修・訳、御立英史訳）『サブ
　　スクリプション─「顧客の成功」が収益を生む新時代のビジネスモデル』ダイヤ
　　モンド社、2018年。

アレックス・モザド、ニコラス・L. ジョンソン（藤原朝子訳）『プラットフォーム
　　革命─経済を支配するビジネスモデルはどう機能し、どう作られるのか』英治出
　　版、2018年。

次に読んで欲しい本

☆駐車場ビジネスについて、詳しく学ぶには…。

　鶴蒔靖夫『タイムズパーキング革命〈2〉「パーク24」快適なクルマ社会創造へ
　　の挑戦』IN 通信社、2010年。

☆シェアリング・エコノミーについて、詳しく学ぶには…。

　宮﨑康二『シェアリングエコノミー』日本経済新聞出版社、2015年。

索　引

■編著者紹介

伊藤　宗彦（いとう　むねひこ）

神戸大学経済経営研究所教授（博士（商学））
2003年、神戸大学大学院経営学研究科博士課程修了。
松下電工、神戸大学准教授を経て、2007年より現職。
主な著書に、『1からのサービス経営』など。

松尾　博文（まつお　ひろふみ）

東京国際大学国際戦略研究所・データサイエンス教育研究所所長・教授、神戸大学名誉教授
（Ph.D.（Management））
1984年、マサチューセッツ工科大学オペレーションズリサーチセンター博士課程修了。
テキサス大学オースチン校教授、神戸大学教授などを経て、2021年より現職。
サプライチェーン・マネジメントなどについての海外学術研究論文多数。

富田　純一（とみた　じゅんいち）

東洋大学経営学部教授（博士（経済学））
2003年、東京大学大学院経済学研究科博士課程単位取得退学。
東京大学特任助手、東洋大学専任講師・准教授を経て、2018年より現職。
主な著書に、『コア・テキスト　生産管理』など。

執筆者紹介 （担当章順）

松尾　博文 （まつお　ひろふみ） ……………………………………………… 第 1 章
東京国際大学国際戦略研究所・データサイエンス教育研究所　教授

河合　亜矢子 （かわい　あやこ） ……………………………………………… 第 2 章
学習院大学経済学部　教授

大村　鍾太 （おおむら　しょうた） ……………………………… 第 3 章、第 15 章
桃山学院大学ビジネスデザイン学部　准教授

佐野　宏樹 （さの　ひろき） ……………………………………………… 第 4 章
立命館大学経営学部　准教授

崔　宇 （サイ　ウ） …………………………………………………………… 第 5 章
追手門学院大学経営学部　准教授

富田　純一 （とみた　じゅんいち） ………………………………………… 第 6 章
東洋大学経営学部　教授

福澤　光啓 （ふくざわ　みつひろ） ………………………………………… 第 7 章
成蹊大学経営学部　教授

中野　幹久 （なかの　みきひさ） …………………………………………… 第 8 章
京都産業大学経営学部　教授

朴　英元 （パク ヨンウォン） ………………………………………………… 第 9 章
埼玉大学大学院人文社会科学研究科　教授

辺　成祐 （ビョン ソンウ） ………………………………………………… 第 10 章
近畿大学経営学部　准教授

伊藤　宗彦 （いとう　むねひこ） …………………………………………… 第 11 章
神戸大学経済経営研究所　教授

徐　康勲 （ソ　カンフン） ………………………………………………… 第 12 章
広島修道大学商学部　助教

柴田　好則 （しばた　よしのり） …………………………………………… 第 13 章
松山大学経営学部　准教授

香坂　千佳子 （こうさか　ちかこ） ……………………………… 第 14 章、第 15 章
大阪学院大学短期大学部　准教授

1からのデジタル経営

2022年3月15日　第1版第1刷発行

編著者　伊藤宗彦・松尾博文・富田純一
発行者　石井淳蔵
発行所　㈱碩学舎
　　　　〒101-0052 東京都千代田区神田小川町2-1 木村ビル 10F
　　　　TEL 0120-778-079　FAX 03-5577-4624
　　　　E-mail info@sekigakusha.com
　　　　URL https://www.sekigakusha.com
発売元　㈱中央経済グループパブリッシング
　　　　〒101-0051 東京都千代田区神田神保町1-31-2
　　　　TEL 03-3293-3381　FAX 03-3291-4437
印　刷　東光整版印刷㈱
製　本　㈲井上製本所
Ⓒ 2022　Printed in Japan